Petit Dictionnaire des plus belles injures bretonnes

Martial Menard

avec commentaires, conseils et mise en bouche préparatoire de l'auteur

Illustrations de Harry Botter

Trugarez da Herve Bihan, Daniel Doujet, Gwendal Denez ha Divi Gervella
evit bezañ pourchaset un nebeud eus danvez al levrig-mañ

COOP BREIZH

ISBN 2-84346-289-4

Kerangwenn 29540 Spézet

Maquette de couverture et mise en page : Hervé Géréec

Dans la même collection

- *Petit guide d'initiation au breton*, Martial Menard

À paraître

- *Petit dictionnaire de la piste en Bretagne*, Martial Menard
- *Petit dictionnaire érotique breton*, Martial Menard

Du même auteur

Aux éditions An Here

- *Alc'hwez bras ar baradoz vihan*
  (dictionnaire érotique breton)
- *Geriadur brezhoneg An Here*
  (en collaboration)
- *Petit guide d'initiation au breton*

Aux éditions Coop Breizh

- *Expressions populaires bretonnes*

Préface

De l'injure considérée comme l'un des beaux-arts

Injures, insultes, invectives, noms d'oiseaux, etc. Les termes sont nombreux qui désignent ces petits mots qui émaillent nos conversations passionnées, nos propos emportés, nos échanges vifs et animés et autres engueulades grand style...

Mais au fait, qu'est-ce qu'une injure ? Les dictionnaires la considèrent comme une parole qui vise à outrager. Grammaticalement on peut ajouter que l'injure est un substantif ou un adjectif comme un autre, et que seule la violence éjaculatoire de la prononciation la distingue des autres catégories de mots. Le but étant de mordre la couenne de l'adversaire, de lui fouailler l'intime jusqu'à l'insupportable. Telle une bonne flèche, elle doit rester fichée dans le cuir de l'intéressé – dénommé l'injurié – afin que celui-ci n'ait plus de salut que dans la fuite, le rouge de la honte au front et l'honneur sous les talons.

Certaines injures ou insultes donnent dans la bassesse, d'autres sont largement teintées d'humour et déclenchent le rire ; 'y en a pour tous les goûts. Comme tous les registres linguistiques qui frôlent les interdits langagiers, l'injure n'a que rarement l'honneur des dictionnaires et des études philologiques ; ce petit recueil aidera tous ceux qui aiment la langue bretonne et qui ont dû peiner pour l'apprendre, tant il est vrai que ces noms d'oiseaux sont absents des méthodes d'apprentissage !

En fait beaucoup de mots peuvent devenir des insultes : on vous prendra sûrement pour un dérangé du bocal si vous traitez quelqu'un de « espèce de poignée de fenêtre ! », mais essayez donc avec « pauvre louche ! » On y devine comme un doublet de « pauvre tache ! », peut-être influencé par *couche* (de bêtise) ou encore par l'adjectif *louche*. Encore une fois, tout est dans le ton. Le temps fait également son œuvre ; qui aurait cru que *bouffon* deviendrait – en français – un des mots les plus offensants du début du XXIe siècle, alors qu'il tire son histoire des temps de la monarchie ?

Après avoir brièvement traité de l'injure en général, venons-en à l'injure bretonne en particulier : elle est en général relativement soft. Rien à voir avec des langues telles que le russe, le créole ou l'arabe qui vous invitent très vite à « retourner dans le ventre pourri de votre putain de mère » pour peu que dans un moment d'inadvertance vous ayez marché un tantisoit sur le pied de quelqu'un.

L'injure bretonne fait assez souvent référence au physique des personnes visées en soulignant le peu de grâce qu'entraîne tel ou tel trait accentué de leur morphologie ; les pannes sexuelles et autres problèmes des angoissés de la bébête sont très présents ; les maigrichons du cul et les enrobés du bide côtoient le faible en gueule et le vantard. Si le physique est souvent visé, la tare morale n'est guère oubliée. Ainsi, ceux dont la comprenette tourne au ralenti – les diesels du raisonnement – sont particulièrement gâtés.

L'ancienne habitude des Bretons de s'invectiver de clocher en clocher s'est perdue, mais les surnoms qu'ils se donnaient d'une paroisse à l'autre ne manquaient pas de sel, et étaient bel et bien des insultes, si l'on considère le taux d'adrénaline qu'ils donnaient à ceux qui subissaient l'invective ; que l'on se rappelle les bandes d'enfants, tels des clans, qui s'échangeaient des gracieusetés accompagnées de jets de cailloux bien placés.

Jules Gros, dans son *Trésor du breton parlé*, rapporte l'exemple d'une brave dame sexagénaire qui lui disait : « **Me a vez gwelloc'h ganin insultiñ an dud evit mont d'ur predeured : muioc'h a blijadur am bez !** » – « J'aime mieux insulter les gens que d'aller à un repas de noces : j'ai davantage de plaisir ! » Au cas où votre philosophie serait proche de celle de cette brave personne, ce petit opuscule est appelé à devenir pour vous une bible de survie, vos jours de sortie dans le grand monde.

Polig Monjarret, dans *Polig an diaoul* – souvenirs d'enfance – nous livre une belle pincée de ces petits mots pleins de sève et de saveur (en les confondant parfois avec des exclamations et des jurons). Avec l'humour trégorrois qui caractérise son style, il souligne que deux parties du corps servaient de base de lancement aux grossièretés de sa jeunesse : **ar penn** (la tête) et **ar revr** (le cul)... Ce qui se vérifie largement tout le long de ce petit guide ! Certaines parties du corps servent effectivement de base à l'injure. En fait, elles désignent l'individu tout entier, suivant les règles de ce que l'ancienne rhétorique appelait la synecdoque (non, non, c'est pas une injure !) : ainsi la tête (**penn**), le cul (**revr**), la bouche (**genoù**), le nez (**fri**), le ventre (**kof**)... la partie désignant alors le tout. D'autres mots sont aussi employés génériquement : **sac'h** (sac), **tamm** (morceau), **toull** (trou)... Ces termes génériques sont toujours suivis d'un qualificatif tout ce qu'il y a de plus péjoratif. Voyez ces termes à leur rang alphabétique dans cet ouvrage.

Quelques mots qui désignent l'insulte en breton : **anv vil, ger vil, ger bras, gourc'hemenn brav, gwall anv, hujaot, kunujenn, letadenn, pater gleiz, salmenn.** Quelques verbes qui signifient *insulter, injurier*, etc. : **arjaotal, batalmiñ, bleiziñ, chokiñ, dornañ, droukpediñ, hujaotal, kunujenniñ, letaat, luc'hajiñ, pouilhañ, salmenniñ.** Quelques adjectifs qui soulignent et renforcent l'injure : **kozh** (vieux), **mell** (grand), **paourkaezh** (pauvre), **brizh** (mauvais) ; placés avant l'injure ils en renforcent le sens... De même que **bras** (grand), **brein** (pourri), **daonet** (damné), **fall** (mauvais), **kozh** (vieux), **lous** (sale), **vil** (vilain), placés après. Mais **brein** constitue indubitablement le superlatif absolu.

On rajoute facilement **zo ac'hanout** ! qui renforce l'insulte et signifie « que tu es », comme dans **bern kaoc'h zo ac'hanout** ! « Tas de merde que tu fais ! » On peut aussi rajouter **ma'z out** ! qui a le même sens, comme dans **azen gornek ma'z out** ! « âne cornu que tu fais ! »

Il est évident que toutes les insultes bretonnes ne peuvent être contenues dans ce petit guide... Mais c'est une petite somme qui vous permettra d'avoir de la répartie, au cas où !... Mais attention, car « **an hini zo lemm beg e deod a rank bezañ kalet kostez e benn !** » – « Celui qui a la langue bien aiguisée doit avoir le côté de la tête dur » (et s'attendre à recevoir des coups).

Martial MENARD

A

alvaon ! « ahuri »

Bien placée, cette vieille habituée du monde insultoire produit toujours son petit effet. Si on la juge un peu faible en bouche, ne pas hésiter à l'accompagner d'un bon petit superlatif qui en rehaussera le goût.

amboubal ! « stupide »

Injure léonarde – 'y en a, si, si ! – qui ne porte guère à conséquence... On accentue parfois : **amboubal kozh !**

amoed ! « idiot »

Injure vannetaise assez habituelle ; on peut renforcer : **paourkaezh amoed !** (*pauvre idiot*), **pikol amoed !** (*grand idiot*)... Au féminin, ça donne **amoedell** (*idiote*), ça peut être utile.

amiod ! « idiot »

Tout aussi vannetaise que la précédente et de même sens ; féminin **amiodell.**

ampoezon ! « poison »

C'est tout bonnement celui qui vous empoisonne la vie. On dit aussi **poezon.**

amprevan ! « sale bête, insecte »

Désigne tout ce qu'il y a de mal vu dans le monde animal, de la vermine aux reptiles en passant par les insectes... Et par extension tout ce qu'il y a de mal vu dans le genre humain : la canaille et la racaille...
On pourra donner du **kozh amprevan !** (*vieille canaille*) a qui de droit, de même que **amprevan lous zo ac'hanout !** (*sale racaille que tu es*).

amziod ! « demi-idiot »

C'est pas tout à fait **diod**, qui est l'idiot bien connu, mais ça s'en rapproche.

andon an diaoul ! « source du diable »

Désigne la personne démoniaque... Se traduit bien par le français *suppôt de Satan*. Ça vous a un petit goût de désuet qui n'est pas sans charme... Voir aussi **sac'h an diaoul.**

anduilhenn ! « andouille »

La personne qui se voit affublée du nom de ce mets de roi ne doit pas en tirer fierté pour autant. Il est aussi peu honorable qu'en français. De la même manière que tous les couillons français ne sont pas nés à Vire, notre bonne ville de Guéméné ne recèle pas non plus toute la crème des imbéciles bretons.

anduilhenn daonet ! « andouille damnée »

La même que précédemment, suivie d'un adjectif soulignant l'indécrottabilité du sujet ainsi désigné.

anduilhenn gordennet ! « andouille cordée »

Ça doit pas être mieux que la précédente...

aneval ! « animal »

De la même manière que le français *animal* est une insulte, l'emprunt breton **aneval** l'est aussi. Voir également **loen mut.**

añjorn !

Spéciale Douarnenez... Pas de traduction connue, mais d'un emploi fréquent pourtant. Seule chose sûre, c'est pas un compliment. Je risque l'à-peu-près d'*abruti*... On peut souligner : **mell añjorn** ! Ce qui n'arrange pas les affaires du susnommé.

Ankoù krignet ! « Ankoù rongé »

Tout le monde connaît la silhouette décharnée de l'Ankoù, ce triste sire, le pendant celtique de la Camarde... L'injure vise les maigrichons dont la vue fait baver d'envie l'actuelle tribu des **kofoù yod** (voir infra).

anv « nom »

Un nom n'est pas une insulte, me direz-vous... Certes, mais le terme rentre dans quelques expressions qui nous intéressent : **klevet e holl anvioù** (*entendre tous ses noms*) : se faire insulter ; **lavaret gwall anvioù da unan bennak** (*dire des mauvais noms à quelqu'un*) : l'insulter ; **reiñ anvioù da unan bennak** (*donner des noms à quelqu'un*) : l'insulter ; **un anv vil** (*un vilain nom*) : une insulte.

arsod ! « demi-sot »

Pas encore **sod**, mais ça ne saurait tarder.

azen ! « âne »

L'animal est aussi réputé en français qu'en breton pour son ignorance crasse. Non sans humour, Dom Le Pelletier – dans son dictionnaire manuscrit breton-français de 1716 – faisait état de la rareté de l'animal en Bretagne, précisant qu'il parlait des ânes à quatre pieds. Voir aussi **mab azen.**

azen gornek ! « âne cornu »

'Z en avez jamais vu ?! La race est ma foi fort courante. L'animal se laisse piéger comme le premier couillon venu. Se traduirait bien par *âne bâté*.

azen rous ! « âne roux »

La couleur doit sûrement ajouter quelque chose comme une deuxième couche indélébile...

STRONKENN!!!
BOUED AR GROUG!
SAC'H KAOC'H!!

B

babouzeg ! « baveux »

Correspond au français *baveux*. C'est un dérivé de **babouz** (*bave*).

bailh ! « baquet »

On dirait pas comme ça que c'est une insulte... et pourtant on dit **sot evel ur bailh** (*sot comme un baquet*), comme on dirait *con comme un balai*. Partant, on n'hésite pas une seconde à traiter quelqu'un qui le mérite de : **penn bailh !**

baja ! « idiot »

Injure particulièrement appréciée chez les Douarnenistes qui ne sont pas les derniers à invectiver leur prochain. L'injure s'adresse à ceux qui disent n'importe quoi et dont la finesse d'esprit n'est pas la principale des qualités. Le plus souvent on dit : **mell baja !** (*grand(e) baja*) histoire d'appuyer là où ça fait mal.

bajaneg ! « idiot »

C'est le pauvre d'esprit, l'imbécile, l'idiot, tout ce qu'on veut qui ressemble à cette engeance, le sot, le bêta, le nigaud...

baltaz ! « idiot »

Injure vannetaise qui qualifie le parfait imbécile, celui sur lequel ça se voit bien...

balteg ! « idiot »
Idem **baltaz.**

barged ! « buse »
On parle souvent de « noms d'oiseaux » au lieu d'insultes ou d'injures... C'est bien le cas ici ! Le français connaît *triple buse !* En Haute-Bretagne on connaît *busot !* Et son féminin *busotte !*

barrikenn didalet ! « barrique défoncée »
Désigne l'ivrogne invétéré. Inutile de préciser que les termes désignant les soiffards sont particulièrement nombreux en notre bon pays.

bazh-dotu ! « crosse à jouer »
Désigne la femme mal bâtie, malpropre, sans ordre et sans goût ! L'injure est précise... On dit aussi **penn bazh-dotu** (*tête de crosse à jouer*) : têtu, comme on dirait **penn kalet !** Quand on prononce **bazh-dotu** ! tout seul, ce n'est plus une injure ou une insulte, mais un juron.

bazh pavilhon ! « bâton de pavillon »
C'est, au sens propre, la pièce de bois sur laquelle on hisse le pavillon d'un navire. Au figuré, à Douarnenez, c'est une injure qui s'adresse à ceux qui restent plantés là, les bras ballants, sans prendre de décision. Voir aussi **peul.**

beg « bouche » (terme générique)
Suivi d'un adjectif ou d'un substantif, il soulignera les défauts des grandes gueules, des ahuris, des jeunots, des ivrognes... Bref, de tous ceux dont l'orifice buccal attire l'attention par ce qui y rentre ou par ce qui en sort.

begasenn ! « femme très bavarde »
Injure formée sur **beg**. Le suffixe **-asenn** est toujours péjoratif. Voir **marvasenn, treudasenn.**

beg blev ! « bouche à poils »
C'est le vilain barbu. Proche parent du *barbapou* (barbe à poux) français.

beg bras ! « grande bouche »
En fait, la grande gueule... Celui qui sait toujours mieux que les autres et le dit sur tous les tons.

beg chopin ! « bouche à chopine »
Le propos est dénué d'ambiguïté : il s'agit bien là de l'amateur de la dive bouteille, qui aime tellement l'objet de ses désirs qu'il l'embrasse souvent.

beg don ! « bouche profonde »

On fait plus souvent référence à la largeur de la bouche pour désigner l'idiotie, le manque de finesse, etc. Il faut croire que la profondeur de l'organe n'est pas signe d'intelligence non plus !

begeg ! « celui dont la bouche bée »

Ce qui lui donne un air particulièrement fin, très apprécié de son voisinage qui ne perd pas un instant pour le baptiser ; c'est l'idiot, l'imbécile... Le terme de **begeg** est employé dans le Vannetais, on lui préfère ailleurs son synonyme **genaoueg**.

begel kouch ! « nombril plein »

C'est le ventru, qu'a de la bedaine et qu'aime la remplir. On dit aussi **begel gouch**.

beg leue ! « bouche de veau »

On remarquera que le veau, comme l'âne, n'est guère, dans nos contrées, l'animal auquel on se réfère pour ce qui est de l'intelligence et du raffinement. Aussi s'il vous arrive de surprendre le mot dans le discours de votre interlocuteur – assené avec le ton et le regard appropriés – vous avez tout intérêt, pour ne pas être en reste, à apprendre tout ou partie de ce petit livre. Il en va de votre réputation. Au début du XVIIIe siècle, Monseigneur de Chalons, dans son dictionnaire, nous apprend que nous avons affaire à un dandin. Voir aussi **leue bloaz, leue brizh, leue dour, leue Ebrel, penn leue** et **Yann al leue**.

beg magn ! « bouche sotte »

Le sot en personne... On se sert aussi de l'adjectif **magn** comme adverbe après **sot** : **sot-magn** (*très, très sot*).

beg melen ! « bec jaune »

C'est, malgré la couleur, la meilleure traduction du français *blanc-bec*. Le niais... L'injure a existé en français également et est passée de *bec-jaune* à *béjaune*. Elle fait référence au bec des oisillons, de même manière que le niais est celui qui n'est pas encore sorti du nid et qui donc ignore tout.

beg menargas ! « bouche je le rejette »

La mijaurée, jamais contente, bêcheuse et chiante comme c'est pas possible. À fuir de toute urgence.

beg mersi 'm eus ket imm ! « bouche merci j'ai pas besoin »

Prononcé comme les Bas-Cornouaillais **imm** (= **ezhomm**) (*besoin*). Généralement féminine, l'insulte vise celles qui ont les lèvres pincées...

beg toull ! « bouche percée »

Personnage à fuir s'il en est, sa principale occupation consistant à raconter aux autres ce qu'ils n'ont absolument pas besoin de savoir. Surtout si ça vous concerne.

beg treuz ! « bouche de travers »

En parlant d'une fille, c'est la pimbêche.

beg yod ! « bouche à bouillie »

Désigne le jeune branleur qui croit tout savoir.

bern kaoc'h ! « tas de merde »

Le ton est donné et il a toutes les chances de monter. Le verbe est haut, franc du collier, et n'a besoin d'aucune explication. Correspond à *merdeux*.

bern teil ! « tas de fumier »

C'est comme le **bern kaoc'h** précédent, en moins injurieux.

beulke !

Ce serait une déformation de **beg leue** (voir supra). Toujours est-il que c'en est l'exact synonyme.

beulkin ! « stupide, imbécile... »

On trouve cette insulte dans l'ancienne vie de saint Gwennole (1580)... Comme quoi c'est pas d'hier qu'on se balance des noms d'oiseaux en Bretagne. Elle rime avec une autre insulte : **sotin** (*sot*).

beuzelenn ! « bouse de vache »

C'est la personne qui ne se bouge pas, qu'en fout pas une... L'inactif parfait.

bizied ar gernez ! « doigts de la cherté »

Le radin, celui qui met jamais sa tournée : tout lui est trop cher.

blazer ! « puant »

On ne saurait être plus clair... Peut s'employer à l'encontre de ceux qui refoulent du goulot ou qui nauséabondent de tel ou tel endroit du corps...

bleizez ! « louve »

De tout temps, la louve – comme la chienne d'ailleurs – a été considérée comme le symbole de la lubricité fémi-

nine. Le latin *lupa* (féminin de *lupus*, loup) avait déjà les deux sens de *louve* et *putain.*
Ce qui éclaire l'histoire de la fondation de Rome d'une toute autre lumière. La louve nourricière de Rémus et Romulus était en fait une putain au bon cœur ! On dit également **bleizenn**. Voir aussi **kiez vleiz.**

bleup !
C'est le sot, le niais, le con quoi... Au féminin ça fait **bleupez**... ça peut servir aussi.
On en a tiré le verbe **divleupañ**, comme qui dirait : faire quitter l'état de **bleup**, déniaiser, en somme. Pour les gonzesses ça fera **divleupezañ.**

blev hir ! « cheveux longs »
Le temps passe et les temps changent : si l'on en juge des cartes postales bretonnes de la fin du XIXe, les cheveux longs étaient monnaie courante chez les hommes. Un siècle plus tard, en pleine révolution soixante-huitarde, la Bretagne abâtardie hurlait sa hargne et sa haine sur les **blev hir** : c'était devenue une insulte !

blonegenn ! « morceau de saindoux »
Primitivement, la **blonegenn** était du saindoux que l'on conservait dans une vessie de porc dans la cheminée et qui servait à accommoder certains mets... Par extension le terme désignait également une personne grosse et grasse et passablement feignasse. Jeté avec véhémence et mépris à la face de quelqu'un, il tournait carrément à l'injure.

bongorz ! « butor »
Encore un nom d'oiseau...

bontig kaoc'h ! « petit bouchon de merde »
Désigne le morveux, le môme chiant par excellence, que tout un chacun a une furieuse envie d'envoyer aux pelotes, surtout quand c'est pas le sien !

botez lous ! « sabot sale »
Idem **botez toull** (*putain*).

botez toull ! « sabot percé »
Injure exclusivement féminine, désignait autrefois la fille-mère. L'injure a un furieux goût de dépassé, mais elle n'est pas morte, le sens ayant évolué en *putain*... Voir **gast**.

bouc'h ! « bouc »
C'est le cavaleur, le coureur de jupons, le putassier d'autrefois... Beaucoup de noms d'animaux mâles prennent ce sens. **Bouc'h kozh !** (*vieux bouc*) se laisse dire facilement. Voir **targazh, tourc'h.**

boued « nourriture » (terme générique)
Le terme **boued**, qui signifie proprement *nourriture*, est à prendre en général avec un sens évolué dans les injures. Il signifie plus exactement : matière à, futur... Ainsi dans **boued ar groug** on doit comprendre : celui qui va nourrir le gibet, la potence, en fait, le futur pendu. Sert aussi dans **brein boued**, **koll boued**, **laer-e-voued**, injures qui visent les fainéants, ceux qui ne gagnent pas ce qu'ils mangent.

boued an diaoul ! « nourriture du diable »
Idem **boued an ifern.**

boued an ifern ! « nourriture de l'enfer »
L'invective devait peser lourd aux temps où le clergé régnait en maître dans nos bourgs et campagnes. Elle s'adres-

sait à ceux qui avaient plus confiance dans le paradis terrestre que dans l'autre et qui s'en donnaient à cœur joie, sans se soucier des imprécations soutanesques et autres anathèmes jetés du haut des chaires... contre la chair !

boued ar bleiz ! « nourriture du loup »
S'adressait à celui qu'on souhaite être dévoré par le loup... à l'époque où le loup était encore présent en Bretagne ! On dit également **boued ar c'hon** (*nourriture des chiens*).

boued ar gordenn ! « nourriture de corde »
Idem **boued ar groug** (*pendard*).

boued ar gounnar ! « nourriture de rage »
En traitant quelqu'un de **boued ar gounnar**, on devait probablement lui souhaiter d'attraper cette maladie...

boued ar groug ! « nourriture de gibet, de potence »
Autrement dit *gibier de potence, pendard.* Notre époque heureusement abolitionniste a donné un coup de vieux au qualificatif. On dit également **liv ar groug**, *(celui) qui a couleur de gibet*, qui le mérite, donc ; **lañs ar groug**, où le terme **lañs** est de signification obscure (peut-être *rejet de potence*) ; **rest ar groug** ou **ramagnant ar groug** (*restant, rebut de potence*) ; **noueañs ar groug** (*engeance de potence*). Dans toutes ces injures, le terme **kroug** peut être remplacé par **kordenn** (*corde*).

bouzelloù yod ! « intestins à bouillie »
Idem **kof yod** (*gros lard*).

brae c'houllo ! « broie vide »
Il s'agit de la broie qui servait à broyer le lin ; quand elle tournait dans le vide, elle ne servait à rien, tout comme les propos de ceux qui parlent dans le vide.

brammer ! « péteur »

Désigne naturellement le flatuleur impénitent qui les lâche aux quatre points cardinaux. On peut l'employer aussi pour invectiver n'importe qui, au hasard des inimitiés. D'emploi courant : **brammer kozh** ! (*vieux péteur*). Le fin du fin étant **brammer vioù poazh** ! (*péteur d'œufs cuits*). Chacun jugera...

bramm kog ! « pet de coq »
Chose insignifiante s'il en est, le pet de coq désigne quelqu'un que l'on méprise, le moins que rien. Une expression dit : **« N'istiman ket se ur bramm kog ! »** (*« Je n'estime pas cela un pet de coq ! »*) Ce qui n'est pas sans rappeler le *pet de lapin* français. Voir aussi **rest ma c'hoan.**

brein « pourri »
C'est l'adjectif breton qui souligne le mieux l'insulte. Employé après un nom qui désigne une personne, il souligne le défaut habituel de celle-ci. Vous pouvez le vérifier à **loen brein ! lonker brein ! pitaouer brein !**

brein boued ! « pourrisseur de nourriture »
Le bon à rien, le fainéant ; celui qui ne gagne pas ce qu'il mange. Voir aussi **koll boued, laer-e-voued.**

chaoker-e-c'henoù ! « celui qui mâche sa bouche »
Celui qui n'est jamais content, le grognon, le grincheux, le ronchon.

chaoker-e-revr ! « celui qui mâche son cul »
Idem **chaoker-e-c'henoù**, en pire.

chaoker-e-stec'henn ! « celui qui mâche sa quenouille »
Désigne le bavard impénitent, mais celui dont les propos sont insignifiants.

chaoker laou kriz ! « mâcheur de poux crus »
C'est celui qui est d'une avarice sordide.

chaoker patatez ! « mâcheur de patates »
C'est une des quelques expressions dont les paysans usaient entre eux pour se moquer d'eux-mêmes ; à proprement parler ce n'est pas une insulte ni une injure, mais tout dépend du ton que l'on emploie et de qui l'emploie... Un peu comme on emploie *plouc*, *bouseux*.

charn vil ! « vile charogne »
Probablement une déformation du français *charogne*.

chas gouez ! « chiens sauvages »

Chas est le pluriel irrégulier de **ki.** Il sert dans quelques insultes qui s'adressent à plusieurs, comme **chatal.** On connaît **chas gouez** ! et aussi **chas ar vourc'h** ! (*chiens du bourg*). C'est ainsi que les paysans traitaient les jeunes du bourg : **chas klañv** ! (*chiens enragés*).

chas gourlen ! « chiens de marée haute »

L'expression a été employée comme injure par Fañch al Lae dans son roman *Bilzig*, contre des douaniers qui empêchaient les gens de prendre des épaves laissées par le flot. Peut-être s'emploie-t-elle pour d'autres empêcheurs de tourner en rond ?

chatal ! « bétail »

L'insulte est plurielle cette fois-ci, on s'en prend à plusieurs, on est sûr de soi et on n'a pas peur ! Si l'on souhaite s'adresser à une seule personne, une seule tête de bétail, on hurlera : **penn chatal** !

chatal kornek ! « bétail cornu »

On aura reconnu le grand troupeau des cocus...

chouant ! « chouan »

Semble être plus particulièrement employé en breton vannetais. Quand on dit que les Bretons sont des grenouilles de bénitiers... Le mot est devenu une injure ! On précise parfois **chouant kozh !** ou **chouant Kamorzh !** (*chouan de Camors*)... Peut-être étaient-ils pires à Camors qu'ailleurs ?

c'hwezerez tan ! « souffleuse de feu »

En fait, dit tout cru, c'est la fouteuse de merde... ou, dit plus poliment : le brandon de discorde.

D

daonet « damné »

Adjectif qui sert à renforcer les injures. Voir **anduillenn daonet, genaoueg daonet.**

daou revr ! « deux culs »

On peut faire confiance aux enfants pour ce qui est de la cruauté entre eux dans le monde de l'insulte ; malheur à celui qui est différent ! C'est Polig Monjarret qui rapporte dans ses souvenirs cette terrible insulte que jetaient les mômes de son enfance à ceux qui étaient tondus pour trop grande abondance de poux dans la tignasse !

Ce qui n'est pas sans rappeler la *casquette en peau de fesse* de notre époque !

debrer Frañs ! « mangeur de France »

J'en connais plein qui voudraient bien qu'on les insulte tous les jours comme ça ! La république voisine a l'honneur d'une autre insulte bretonne : **lor Frañs !** (*Celui qui salit la France...*).

dever gouloù ! « brûleur de lumière »

C'est le lambin qui n'avance pas dans son travail. L'expression fait référence aux bougies d'autrefois que le lambin gaspillait en en brûlant plus que les autres le soir. Les Vannetais disent **loskour gouloù**, dans le même sens, mais réservent cette injure aux curés qui sont trop longs à dire la messe, et brûlent plus de cierges.

diaoul « diable »

Le diable revient souvent dans les injures ; voir **andon an diaoul ! boued an diaoul ! mab an diaoul ! sac'h an diaoul !**
On s'en sert autrement pour injurier son prochain, en rajoutant **an diaoul** après un mot désignant une personne, comme dans **tort an diaoul !** (*bossu du diable*), **sorserez an diaoul !** (*sorcière du diable*). Il prend alors le sens de *diabolique*. Voir aussi **ifern.**

diod ! « idiot »

Pour donner dans le classique et le quotidien... Voir **troc'h diod.**

diskrouger anduilh ! « dépendeur d'andouille »

De même qu'en français, l'injure vise les ceusses qui avoisinent les deux mètres et des poussières et qui font naître chez l'individu normalement constitué comme une certaine envie de les casser en deux. C'est bizarre, hein ? Idem **penn chaotret.**

dogan ! « cocu »

Le pénible état que voilà... Il ne suffit pas d'y être, faut encore se faire foutre de sa gueule et insulter. On pourra toujours se consoler en pensant que les deux sexes sont touchés. Tous n'en moururent point, mais beaucoup furent malades.

droch ar pardon ! « le ridicule du pardon »

Le **droch** est quelqu'un un peu fou, qui n'est guère sensé dans ses propos ou inattendu dans ses attitudes. Les pardons (fêtes religieuses très populaires) étant très fréquentés, le **droch** du pardon s'élève d'autant plus dans la hiérarchie de ses pairs.

FRi KROG NOSTROM!! DEUS'TA!

EF

ever fall a zour ! « mauvais buveur d'eau »
On peut pas être bon partout, répondra l'ivrogne injurié...

euzh-e-welet ! « horreur à voir »
La mocheté dans toute sa splendeur !

fall tra ! « mauvaise chose »
Si c'est une mauvaise chose, elle ne vaut pas grand chose... Correspond à *vaurien*.

fas loar ! « face de lune »
Probablement pour ceux dont le visage rond et plat donne à penser à la lune.

fas ma revr ! « face de mon cul »
Idem **toull ma revr**, ou presque...

feson « façon » (terme générique)
C'est le mot qui convient le mieux pour traduire le français *espèce de*, dans les injures comme *espèce d'imbécile, de con, d'idiot*... Voir aussi **pezh**, **makez**, **tamm**.

feson tartez ! « façon de tarte »
Correspond assez bien à *espèce de tourte*, un tantinet dépassé, c'est vrai, mais d'emploi agréable, comme les

vieilles choses qui prennent de la valeur, avec la patine du temps.

foerer ! « celui qui a la chiasse »
Encore plus fort dans la couardise que le **kac'her** – qui n'est pourtant pas un grand courageux – le **foerer**, lui, se liquéfie carrément au moindre danger. Chez lui, les sphincters jouent relâche. Voir aussi **toull foer**, de même sens.

foerouz ! « chiasseux »
Idem **foerer** (*trouillard*) ; au féminin **foerouzell.**

fri « nez » (terme générique)
Le nez désigne ici la personne des pieds à la tête, la partie désignant le tout. Le nez permet également d'insulter quelqu'un suivant ses formes : **fri kamm !** (*nez tordu*), **fri togn !** (*nez camus*), **fri hir !** (*nez long*). Vous avez le choix des adjectifs.

fri butun ! « nez à tabac »
Désigne le priseur acharné.

fri furch ! « nez cherche »
C'est le curieux, celui qui fourre son nez partout.

fri korloko ! « nez en korloko »
Comment, vous ne savez pas ce que c'est qu'un korloko ?! Ben moi non plus ! Enfin, celui qui se voyait surnommé **fri korloko** avait un nez en forme d'éteignoir, cet objet duquel le sacristain coiffait les cierges pour les éteindre... Ça vous donne une idée de la largeur des narines !

fri kreien ! « nez à morve sèche »
Kreien est au sens propre le gratin qui est au fond du plat de cuisson (de pommes de terre, de bouillie, etc.).

Au sens figuré, c'est la morve sèche. Donc, le **fri kreien**, c'est le gamin, le morveux... Voir aussi **fri mic'hi**.

fri krog nostrom !
Idem **fri korloko**.

fri lous ! « nez sale »
Idem **fri mic'hi**. On dit aussi bien **fri lor**.

fri mic'hi ! « nez à morve »
Désigne le gamin qui remonte toujours l'horloge ou qui a un doigt planté généreusement dans une narine... Le morveux, si vous voulez.

fri plantañ kaol ! « nez à planter des choux »
Se passe de commentaires, la longueur de l'appendice suffisant comme explication.

fri sivi ! « nez de fraise »
Sa couleur, tout comme parfois ses formes incertaines, ont fait que ce merveilleux fruit est métaphoriquement apparenté à l'appendice nasal des grands buveurs.

MARC'H SOT!
LANFRE!
LAÑS AR GROUG!!
PAV-KAOL!!
PENN DOT
LOR FRA
BERN KAOC'H!!

G

gagn ! « charogne »

En fait le terme **gagn** (*charogne*), sert en breton à désigner la putain, entre autres mots... Voir également **mab ar c'hagn, paotr gagn, tamm ar c'hagn.**

gaol ! « entrecuisse »

Rentre bien entendu dans des insultes à connotation sexuelle. Avec le diminutif **-ig**, qui donne **gaolig**, on désigne une femme légère de la cuisse. On dit aussi **ma gaol !** comme on dirait en français *mon cul !* ou *mes couilles !* sous le coup de l'énervement ; voir aussi **sac'h.**

gaoleg ! « qui est pourvu d'un entrecuisse remarquable »

Ça doit rendre les hommes fiers... C'est bien ce que sous-entend le terme ! Les gens de Poullan avaient remarqué que ceux de Pouldergat ne se prenaient pas pour des merdes et les surnommaient **gaoleien Pouldregad !**

gaol sec'h ! « entrecuisse sèche »

C'est la femme frigide ; à employer avec précaution, l'expression pouvant également désigner les femmes stériles...

gaol skañv ! « entrecuisse légère »

On aura deviné que ça s'adresse aux femmes de mœurs légères.

garn !

Venu tout droit du vannetais ; peut-être faut-il y voir une prononciation affaiblie de **gast**, influencée par *carne*, comme dans *vieille carne !...* On l'entend aussi en Trégor, dans **mab garn**, qui rappelle **mab gast** ou **mab gagn**.

gast ! « putain »

Me dites pas que vous n'connaissez pas ! C'est la dame experte qui vous essore la grappe et le portefeuille en même temps ! Le fils de la dame n'a pas bonne réputation non plus, voyez plus bas **mab ar c'hast**.

On peut aggraver la chose en **gast kozh !**, voire pire, **kozh c'hast !** (*vieille pute*)...
Pour les noms donnés à ces dames, voir tous les composés avec **pezh**, ainsi que **louskenn**.

gastaouaer ! « celui qui recherche la compagnie des putains »
Ce mot, qui est un dérivé de **gast**, désigne le cavaleur, le coureur, ou, plus étymologiquement celui qui fréquente les « dames de mauvaise vie ».

gaster !
Bien que dérivé de **gast**, cette injure n'a rien à voir avec le monde des putains et des putassiers... Le **gaster**, c'est le salopard nuisant, la peau de vache intégrale.

genaoueg ! « celui dont la bouche bée »
Idem **begeg**. Pour faire bonne mesure, on précise : **genaoueg echu !** (*imbécile fini*), voire même **genaoueg peurechu !** (*imbécile abouti*), ou encore **genaoueg daonet !** (*imbécile damné*). On en tire même le verbe **genaouegiñ** (*rester bouche bée*).

genoù « bouche » (terme générique)
Voir la note au terme générique **beg**.

genoù bras ! « grande bouche »
C'est la grande gueule bien sûr ! Comme le **beg bras**.

genoù glep ! « bouche idiote »
Voir **glep**.

genoù gwelien ! « bouche à eaux grasses »
Désigne l'imbécile qui avale n'importe quoi, les affirmations les plus grossières de préférence...

genoù krampouezh ! « bouche à crêpes »
Là, **genoù** désigne la face et l'injure vise ceux dont le visage est couvert de boutons.

genoù lachefre ! « bouche en lèchefrite »
Désigne celui qui a une grande et large bouche ; s'emploie donc très aisément pour désigner la grande gueule.

genoù pak kelien ! « bouche attrape-mouches »
Idem **genoù lachefre.**

genoù patatez ! « bouche à patates »
Idem **genoù lachefre.**

genoù plankenn ! « bouche planche »
Idem **genoù lachefre.**

genoù poazh ! « bouche cuite »
C'est l'alcoolique, celui qui est cuit par la boisson.

genoù tartez ! « bouche à tartes »
Idem **genoù lachefre.**

glep !
Tiens, v'là l'con ! Eh oui, y en a chez nous aussi... Et les pauvres sont particulièrement mal vus : le **paourkaezh glep** est aussi mal loti que le *pauv' con*... On dit aussi **genoù glep** ! (*idiot*).
Les termes **bleup**, **bleupez**, **gleuk**, **gleukez** doivent être des formes de **glep**. Toujours est-il qu'ils en ont le sens ou quelque chose d'approchant...

gleuk !
Idem **bleup.**

gleukez !
Idem **bleup.**

golo pod ! « couvre-pot »
Désigne le cocu content, qui le sait, s'en satisfait, ou du moins le laisse voir. Peut également désigner celui qui marie une femme enceinte d'un autre. Voir aussi **Yann gontant.**

gourc'hast ! « super putain »
C'est un dérivé de **gast** (*putain*) avec le préfixe **gour-** (*super*). Insulte suprême pour une femme. Quant à **mab ar c'hourc'hast !**, c'est tout comme **mab ar c'hast !**, en mieux.

gourlañchenn frank ! « gosier large »
Et il en passe du liquide, dans ce gosier, car bien entendu il s'agit là d'un ivrogne.

gwe-e-revr ! « celui qui tord son cul »
C'est celui – ou celle, assez souvent – qui fait des manières.

gwiz ! « truie »
On devinera tout de suite qu'on ne s'adresse pas à un homme... À vrai dire, **gwiz** tout seul n'est pas une insulte, mais par contre **gwiz kozh** (*vieille truie*), si !

PAOURKAEZH TRU! DROCH AR PARDON!
ISTROGELL!
GENOU TARTEZ!!
!!!

HIJ

hailhon ! « vaurien, voyou »

hailhevod ! « vaurien, voyou »

hejer-e-doull ! « celui qui secoue son trou »

Le trou en question étant l'anus, et par extension, le cul. Il s'agit là d'un prétentieux, d'un faiseur de manières, etc.

ifern « enfer »

Sert dans quelques injures du style **boued an ifern ! kef an ifern !** Tout comme **an diaoul** (*le diable*), **an ifern** sert à renforcer une insulte : **kae gant ar foeltr, gast an ifern !** (*va avec la foudre, putain de l'enfer*).

On a également le verbe **iferniñ**, dans le sens de *jurer, faire des scènes.*

immobil !

Cet emprunt évident au français *immobile*, qui lui n'a rien d'une injure, est employé pour désigner les empotés, un peu lourds d'esprit... Est parfois prononcé **immobu.**

Employé comme adjectif, il prend parfois le sens de *saoul, complètement bourré*, il est vrai que ce n'est généralement pas un état dans lequel on brille par la vivacité d'esprit.

ingaler kaoc'h marc'h ! « partageur de crottin de cheval »
C'est Paul Sébillot, qui rapporte ce sobriquet injurieux des meuniers dans *Légendes et curiosités des métiers*.

istrogell !
Peut désigner un homme qui a des manières bizarres, qui ne se conduit pas comme tout le monde, mais prend également tous les sens des insultes de peu d'importance... Bref, on est tous un peu l'**istrogell** de quelqu'un ! Connu également sous la forme **istrelog.** Certains étymologistes le font venir du français *astrologue*.

Jañ blev ! « Jean cheveux »
Idem **blev hir. Jañ** est l'emprunt direct au français *Jean*, au lieu du breton **Yann.** C'est également le nom que l'on donne au *diable en boîte*, en anglais *Jack in the box*.

Job al loar ! « Job la lune »
C'est le rêveur impénitent, qui est toujours dans la lune.

Job an noz ! « Job la nuit »
Le pistard, le traîne-bistrot. Voir aussi **labous noz.**

jostram ! « jocrisse »
On dit aussi **jostrom** ! C'est tout sauf un compliment... On peut l'employer pour les femmes à la tenue on dira négligée... Pour les hommes, nos dictionnaires s'accordent pour *jocrisse* et *nigaud*.

K

kabon ! « chapon »

Plus particulièrement employé chez les enfants, désigne le trouillard ; souvent : **kozh kabon !**

kac'h aonig ! « petit chieur de peur »

Désigne le petit trouillard, celui qui chie de peur... Dans certains endroits on prononce **kac'h alanig**, comme si le mot était influencé par le prénom **Alan**... Insulte destinée aux enfants le plus souvent, ou employée entre eux. Désigne aussi le malingre, le chétif...

kac'her ! « chieur »

L'invective fait référence à plusieurs défauts : le plus souvent, c'est la couardise qui est visée.
Les jeunots se voient également affublés du terme, tout comme on dirait – ou plutôt on disait – *blanc-bec !*

kac'her diaes ! « celui qui chie difficilement, avec peine »

Faut se mettre à sa place : l'exercice en question rend rarement de bonne humeur. Aussi le mauvais coucheur a-t-il quelques excuses à faire la gueule à son entourage après avoir tant peiné et geint sur le pot.

kac'her er gwasked ! « celui qui chie à l'abri »
À la campagne, c'est bien connu, on chie dehors, derrière un talus. Faut vraiment être un moins que rien de fainéant fragile pour aller chier à l'abri. Il n'est pas impossible que cette injure ait été influencée par la suivante… ou le contraire.

kac'her gwasket ! « chieur oppressé »
Tout aussi constipé que le précédent… Peut être un peu plus angoissé de l'œil de bronze.

kac'her kanetinier ! « chieur de canettes, de petites billes »
Idem **kac'her polos.**

kac'her kest ! « chieur d'oxyures »
Désigne une personne de mauvaise humeur… Il est vrai que la présence de vers ne donne pas forcément le sourire. Voir aussi **toull kest.**

kac'her polos ! « chieur de prunelles »
Les prunelles étant de toutes petites prunes, on voit le peu de valeur de la production de l'incriminé…

kac'h moudenn ! « chieur de motte »
Qualifie le vaurien, le fainéant, le bon à rien par excellence qui est également mauvais à tout…

kac'h otoù ! « chie dans son pantalon »
Insulte enfantine en provenance directe du pays bigouden…

kakouz ! « lépreux »
Insulte heureusement ancienne… Les lépreux faisaient le métier de cordier et étaient de véritables parias… Un proverbe dit : **« Kentañ rebech a ra kakouz da gakouz**

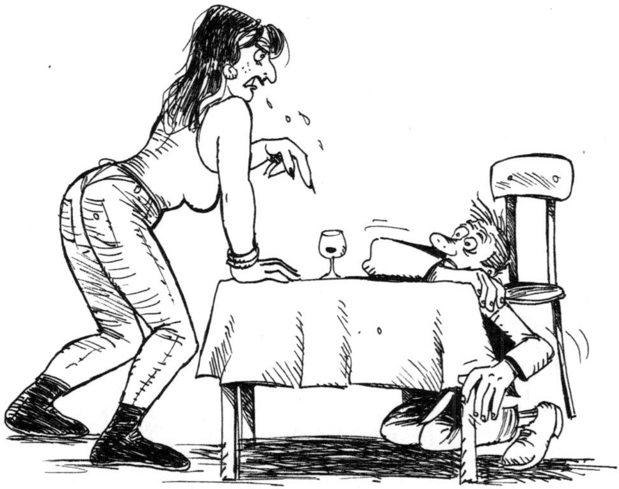

eo kakouz ! » (*« Le premier reproche que fait un caqueux à un autre caqueux est d'être un caqueux ! »*). On disait aussi **kouzin ar Vadalenn.**

kaoc'h « merde »

C'en est et ça sent pas bon... On en profite pour en servir à toutes les sauces aux gens qu'on a dans le nez... Voir **bern kaoc'h, bontig kaoc'h, marc'h kaoc'h, marmouz kaoc'h, pich kaoc'h, sac'h kaoc'h, skouarn gaoc'h...**

karg-e-doull ! « celui qui remplit son trou »

Encore une autre destinée aux ivrognes, le trou en question étant la bouche. Pour les goinfres, qui se servent du même trou, on dit **mag-e-doull** (*celui qui nourrit son trou*).

Katell gollet ! « Catherine perdue »

Le prénom *Catherine* a connu la même évolution en breton qu'en français dans sa forme familière **Catin**, qui désigne la putain. **Katell gollet** est l'archétype de la fille perdue (pour la bonne société), la mauvaise fille.

katellig ! « catherinette »
C'est le diminutif de **Katell** (voir supra) ; employé pour les hommes, il désigne ceux qui s'occupent du ménage et autres choses que la société traditionnelle réservait aux femmes ; il désigne aussi les hommes d'allure efféminée, et parfois, par extension, les homos.

kazh gleb ! « chat mouillé »
Désigne l'hypocrite... Aussi franc qu'un âne qui recule. S'emploie par endroit pour le poltron, la poule mouillée.

keben !
Exclusivement féminine, cette injure est historique. **Keben** est la femme qui en a fait voir de toutes les couleurs à Ronan, lequel en devint saint, c'est pour vous dire ! La **keben** est la mégère par excellence. On précise parfois **keben Lokorn** (*la keben de Locronan*), l'endroit où notre saint homme de Ronan perdit la vie.
Le mot est tellement honni que devant l'une des croix du parcours de la Troménie de Locronan, nommée **kroaz Keben** (*la croix de Keben*), on ne se signe pas.

kef ifern ! « tison d'enfer »
Idem **boued an ifern.** On dit aussi **kef an ifern.**

kein treut ! « dos maigre »
Radin, tellement pingre que la peau lui colle au dos.

kiez ! « chienne »
C'est la salope absolue... On peut rajouter sans crainte : **kiez lupr ! kiez saotr !** (*chienne en chaleur*). Ou encore **kiez vleiz !** (*chienne louve*). Voir **bleizez.**

klemmer er goudor ! « geignard à l'abri »
Encore un grand courageux qui se met à l'abri du boulot ! Peut avoir un rapport avec **kac'her er gwasked.**

kof « ventre » (terme générique)
Fait référence en général à l'appétit... ou la soif inextinguible.

kof sistr ! « ventre à cidre »
Idem **toull sistr** (*soiffard*).

kof yod ! « ventre à bouillie »
Qualifie celui ou celle dont l'embonpoint est remarquable, sculpté pur beurre. Aux époques où les sacs d'os ne passaient pas pour des apollons, ni pour des reines de beauté, mais pour des sacs d'os, c'était pas une injure... Donc, c'est le gros lard. Voir **bouzelloù yod, sac'h yod.**

koll bara ! « celui qui perd son pain (= qui ne le gagne pas) »
Le fainéant par excellence... À la différence de **koll boued**, l'invective ne s'adresse qu'au seul genre humain. Il suscite le plus grand des mépris. Voir **laer-e-vara.**

koll boued ! « celui qui perd sa nourriture (= qui ne la gagne pas) »
Le parfait bon à rien. S'adresse assez souvent à la gent canine, souligné par un bon coup de pied au cul. Voir aussi **sac'h laou.**

kordenn « corde »
Se retrouve dans **boued ar gordenn, tamm ar gordenn** et **lañs ar gordenn** : les gibiers de potence.

kouskedenn ! « personne endormie »
C'est un dérivé du verbe **kousket** (*dormir*), qui désigne la personne sans énergie.

kouzin ar Vadalenn ! « cordier de la Madeleine »
Idem **kakouz.**

kozh « vieux »
Placé après l'injure, il garde son sens premier de *vieux*, *vieille*, avec une nuance péjorative. Voir **brammer kozh ! chouant kozh ! gast kozh ! gwiz kozh !**... Placé devant, il devient encore plus péjoratif, comme dans **kozh amprevan ! kozh c'hast ! kozh kabon ! kozh yar !**

kozh yar ! « vieille poule »
C'est la poule mouillée. Voir aussi **yar beliet, yar dilostet, yar zour.**

kozh karvan ! « vieille charogne »
Est donné comme injure par Grégoire de Rostrenen, en 1732, qui fut l'un des plus grand lexicographes bretons.

krak lakez ! « petit valet »
Chez les pêcheurs douarnenistes, on n'avait que du mépris pour les **krak lakizien**, ceux qui servaient les bourgeois. Par extension de sens, le **krak lakez** a désigné celui qui n'appartenait pas au milieu des pêcheurs, des marins. Dans le parler douarneniste – moitié breton, moitié français – on prononce **krak lak'**.

krener ! « trembleur »
C'est connu, les peureux tremblent de tous leurs membres.

krener gwak ! « trembleur mou »
Si le précédent trahit sa trouille par son tremblement, celui-ci en rajoute, c'est en plus un mollasson.

krener-e-revr « celui dont le cul tremble »
Dans la famille des trouillards, nous touchons là au summum ; 'y a peut-être que le cul qui tremble, mais c'est de peur de ne pas retenir l'irréparable ! C'est le parfait serreur de miches.

kroc'hen ! « peau »
Désigne la putain... Tristan Corbière, dans *Le Bossu Bitor* avait employé le mot *peau* en français pour *putain.* Par emprunt au breton ? On dit en français *vieille peau* comme *vieille pute*... On peut comparer **louskenn, vilgenn** et **pezh lêr** (voir infra).

kroug « potence, gibet »
Voir **boued ar groug, liv ar groug, lañs ar groug, noueañs ar groug, rest ar groug, ramagnant ar groug** et **tres kroug** : tous des gibiers de potence...

krougadenn ! « pendu »
Encore le gibier de potence, le pendard d'antan...

!!
KAOC'H
?

labous noz ! « oiseau de nuit »
C'est le traîne-bistrot, qui repousse autant qu'il peut l'heure de rentrer. Voir aussi **Job an noz.**

labous treut ! « oiseau maigre »
Injure qui peut désigner une personne qui n'est guère intéressante à fréquenter, un drôle d'oiseau en somme.

labous yod ! « oiseau à bouillie »
Difficile de saisir le sens exact de cette injure. Peut-être réfère-t-elle à l'expression **kaout yod** (*avoir de la bouillie*) dont le sens est *être recalé* (à un examen). Dans ce cas, elle désignerait l'ignorant, le bêta...

laer-e-vara « celui qui vole son pain »
Idem **koll bara.**

laer-e-voued « celui qui vole sa nourriture »
Idem **koll boued.**

lafouedenn ! « salaud (au moral) »
Comme plusieurs insultes commençant par **la-**, ce mot est difficilement explicable étymologiquement. Ce qui

n'empêche nullement de le proférer avec toute la vigueur et la véhémence nécessaires...

lakepod ! « vaurien, voyou »

lampon !
Le vaurien, le voyou... Cette injure s'emploie fréquemment à l'encontre des enfants, comme en français *petit voyou.*

lanfre ! « bon à rien »
Et mauvais à tout, comme tous ses confrères...

lankon !
C'est un dérivé de **lank** (*élancé*), qui désigne donc les escogriffes.

lañs ar gordenn !
Idem **boued ar groug** (*pendard*).

lañs ar groug !
Idem **boued ar groug** (*pendard*).

laoueg ! « pouilleux »
Le port de ces petites bêtes encombrantes, dans une époque où elles ne connaissaient pas la mort parfumée, n'était guère bien vu. On dit aussi **sac'h laou** (*sac à poux*), **tamm d'al laou** (*morceaux à poux*), **Yann laou** (*Jean le pouilleux*). Il est pourtant un curieux dicton, qui contredit l'insulte et annonce tout de go : **« Laou zo nobl, c'hwen n'int ket »** (*« Les poux sont nobles, les puces ne le sont pas »*) ; allez savoir pourquoi.

laouenn-dar ! « cloporte »
Correspond au misérable vermisseau, ver de terre que l'on trouve dans les contes traditionnels.

lastezenn ! « saloperie »
Dérivé de **lastez** (*saleté, vermine*...). Prend également le sens de *fainéant*.

latreilhenn !
Le vaurien, la canaille et consorts.

latreuta !
Doit également désigner le vaurien et toute sa clique... Peut-être faut-il voir l'adjectif **treut** dans ce mot.

lavagnon !
Comme **lampon**, désigne le vaurien, mais s'emploie surtout avec les enfants.

lazher touseg ! « tueur de crapaud »
Idem **chaoker patatez.**

leue bloaz ! « veau d'un an »
Faut croire qu'en breton la valeur attend le nombre des années, puisque le veau – nom déjà peu flatteur, attribué à un humain – le veau d'un an donc, représente le summum de la niaiserie.

leue brizh ! « veau tacheté »
Le veau, on l'a vu, est considéré comme basiquement idiot. L'injure est aisée d'emploi, vu que nos contempo-

rains ont la fâcheuse habitude de voir en leur plus proche voisin le spécimen le plus abouti du con. Affublé de l'adjectif **brizh**, l'insulté monte encore d'un cran dans l'échelle de l'injure.
À noter que le **leue brizh** est également en breton un animal fantastique, à l'instar du **ki du** (*le chien noir*). Ces apparitions nocturnes constituaient la terreur de nos ancêtres.

leue dour ! « veau d'eau (= hydrocéphale) »
Avouez que le monde n'est guère facile à comprendre quand l'infâme bouillie céphalique qui sert de cervelle à beaucoup ressemble à s'y méprendre à de l'eau de vaisselle.

leue Ebrel « veau d'avril »
Allez savoir quelle influence a le mois d'avril sur les veaux !

leue geot ! « veau d'herbe »
Faut être bête à manger du foin pour se faire traiter de la sorte.

lio ! « idiot »
Le mot n'est pas bien long, mais il désigne quand même l'idiot dans le Poher... **Tamm lio ma'z out !** (*espèce d'idiot que tu es*).

liper bont ! « lécheur de bouchon »
Faut-il préciser que l'individu incriminé ne recherche pas précisément le bouchon, mais plutôt la bouteille ? Voire même son contenu. Parfois compris **lip ar bont** (*celui qui lèche le bouchon*).

lip revr ! « lèche-cul »
C'est le mange-merde bien connu, qui ferait n'importe quoi pour être bien vu de ses supérieurs.

Par une presque homophonie, on se moque d'un métier pourtant bien noble : libraire.
Histoire bilingue :
« – Vous savez pas ?! Son fils est allé libraire à Paris...
– Mâââ, quel vilain métier ! »

liv ar chadenn ! « couleur de la chaîne »
Injure à rapprocher de toutes celles qui désignent les gibiers de potence. Voir **kroug** et **kordenn**.

liv ar groug ! « couleur de potence »
Idem **boued ar groug** (*pendard*).

loar « lune »
On trouve la lune dans quelques insultes bretonnes qui ne sont guère méchantes : **fas loar, Job al loar, marc'h loar**.

lochore !
C'est la grosse feignasse, que l'on traite ainsi. On prononce parfois **lañchore**.

loen « animal »
Suivi d'un adjectif et s'adressant à quelqu'un, ça devient une injure plus ou moins blessante.

loen brein ! « bête pourrie »
On atteint l'un des sommets dans le registre des injures bretonnes : celle-ci est parmi les plus blessantes, celle qui porte vraiment atteinte. S'adresse au salopard.

loen fall ! « mauvaise bête »
Un degré en-dessous de **loen brein**.

loen gast ! « bête putain »
Pas très fréquentable, voire même méchant.

loen gouez ! « bête sauvage »
C'est l'ours, celui qui n'aime personne.

loen lous ! « bête sale »
C'est bien entendu la sale bête bien connue, le salopard, mais ça désigne aussi le grossier personnage qui adore parler de cul et possède le vocabulaire adéquat.

loen mut ! « bête muette »
Correspond au français *animal.*

loen sot ! « bête sotte »
En fait, on peut appliquer beaucoup d'adjectifs aux animaux humains... Voir aussi **marc'h sot**.

loen vil ! « bête vile »
Le vil animal que voilà, encore plus cochon que la sale bête de **loen lous**.

lonker ! « ivrogne »
Si l'on ajoute **brein**, l'absolu superlatif dans l'insulte, on obtient **lonker brein** ! (*ivrogne pourri*)... Mais **lonker lous** ! se dit souvent aussi.

lonk-e-sizhun ! « celui qui boit la paye d'une semaine »
L'homme est doué d'un sérieux coup de glotte. Il en oublie de ramener les sous à la maison. Sans commentaire...

lopito !
C'est bien un mot breton malgré son apparence ! Pour les Vannetais, il désigne l'imbécile.

lor Frañs ! « celui qui salit la France »
Voir **debrer Frañs**.

lorgnez ! « lèpre »
Le salopard né, d'une saleté d'âme repoussante, à un point tel qu'on le considère comme étant aussi inapprochable qu'un lépreux.

lor mor ! « ordure de mer »
C'est la traduction qu'en a donnée Youenn Drezen, dans ses souvenirs d'enfance, en décrivant 2 marins qui s'engueulent. Peut-être faut-il comprendre : *celui qui salit la mer* ?

loskour gouloù ! « brûleur de cierges »
Voir **dever gouloù.**

loudourenn ! « souillon »
S'adresse généralement aux femmes, mais peut également s'employer pour un homme. C'est un dérivé de l'adjectif **loudour** (*sale*). Comme tous ce genre de mots, il désigne aussi la putain.

louf torchenn ! « celui qui pète sur un coussin »
C'est l'homme pour qui le paysan breton a le plus grand mépris, celui qui bosse assis... Le bureaucrate, le fonctionnaire, le rond de cuir !

louka ! « salope »
C'est la femme sale, sans ordre. On peut dire aussi **loukenn.**

loukez ! « couillon »
Sapre loukez ! est une des insultes préférées des Trégorrois. La traduction de *couillon* est approximative, comme pour beaucoup d'insultes, chaque langue ayant un registre culturel et des références qui lui sont propres. **Yann al loukez** est la personnification du sot, du couillon.

louskenn ! « salope »

Ne cherchez pas plus loin, ce dérivé de **lous** (*sale*), auquel est rattaché le suffixe **-kenn** (*peau*), c'est la salope, comme on les aime.

louston ! « salaud »

Adressée à un gamin, l'invective désigne celui dont telle ou telle partie du corps n'est pas d'une propreté excessive, par abus de chocolat autour de la bouche, par exemple, voire de peinture sur les petits doigts...
Adressée à l'homme, de sexe masculin s'entend, c'est le salaud, masculin de *salope*, dans le vieux sens du terme, hautement sexuel.

MN

mab an diaoul ! « fils du diable »
Satan, on l'a vu, figure dans beaucoup d'invectives.

mab ar c'hagn ! « fils de charogne »
On a vu que **gagn**, outre *charogne*, veut également dire *putain* ; **mab ar c'hagn** a donc le même sens que **mab ar c'hast** (*fils de putain*). On dit aussi **mab gagn.**

mab ar c'hast ! « fils de pute »
L'injure a fait florès dans toutes les langues, inutile d'en rajouter ; on dit aussi **mab gast.** Le best-seller breton de nos ancêtres – *Ar Pevar Mab Hemon* (*Les Quatre Fils Aymon*) – nous donne une version améliorée de cette insulte internationale : **mab ar c'hast dislivet !** (*fils de pute déteint*).

mab ar foeltr ! « fils de la foudre »
Idem **mab an diaoul.**

mab ar person ! « fils de curé »
L'insulte est rapportée par Polig Monjarret... Il ne dit malheureusement pas à qui elle s'adresse ! Il donne même un quasi synonyme : **mab beleg !** (*fils de prêtre*).

mab azen ! « fils d'âne »
Il n'y a aucune raison qu'il vaille mieux que son père.

mab egile ! « fils de l'autre »
Désigne le bâtard. Émile Ernault commente ce terme dans son *Glossaire Moyen-Breton* et pense que **egile** (*l'autre*) au masculin, ne fait pas allusion à une naissance adultérine, mais désigne plutôt le diable.

mab gagn ! « fils de charogne »
Idem **mab ar c'hagn.**

mab gast ! « fils de putain »
Idem **mab ar c'hast.**

mag-e-doull ! « nourrit son trou »
C'est le goinfre. Voir **karg-e-doull.**

mag-e-revr ! « nourrit son cul »
Idem **mag-e-doull.**

makez
Ce mot s'emploie devant les termes injurieux, tout comme **feson**. C'est en fait un raccourci de **mab gast** (*fils de pute*). Ça démarre bien pour une injure... On pourra donc à loisir traiter son prochain de **makez inosant, makez loen brein**... et autres gentillesses du genre. Assez souvent on fait suivre **makez de tamm**, ce qui donne **makez tamm inosant brein !** (*espèce de morceau d'innocent pourri*) qui donnerait en bon français : *foutue espèce d'imbécile !*

mamm ar moc'h ! « mère des cochons »
C'est, par essence, la femme malpropre.

marc'h ar Gerveur ! « cheval de Belle-Île »
C'est de cette manière que les gens de la petite île de Hœdic désignent les sots !

marc'h kaoc'h ! « cheval de merde »
Le vaniteux, celui qui en a toujours fait plus et mieux que les autres... Quelqu'un a dit « d'orgueil » ?

marc'h loar ! « cheval de lune »
Faut-il que les Bigoudens soient poètes pour se jeter de telles insultes ! Youenn Drezen l'employa dans ses souvenirs d'enfance romancés ; probablement l'avait-il entendue.

marc'h ourgouilh ! « cheval d'orgueil »
L'insulte, contrairement à ce que laissent croire certaines mauvaises langues, n'est pas exclusivement bigoudène... Elle vise ceux qui n'en peuvent plus de se trouver si bien.

marc'h sot ! « cheval sot »
Tout comme **loen sot**, est à prendre dans le sens de *espèce de sot.*

Mari « Marie »
Prénom bien connu qui sert dans le domaine de l'insulte à qualifier une femme ou une fillette suivant leurs défauts.

Mari faoutenn ! « Marie fente »
Désigne la femme de mœurs légères...

Mari strap latenn ! « Marie qui bat sa latte »
C'est la grande bavarde, totalement incapable de tenir sa langue, la langue étant généralement comparée à une latte. On dit aussi plus simplement **Mari latenn.**

Mari vastrouilh ! « Marie salope »
Idem **torch listri.**

marmouz ! « singe »
Affublée de **bihan** assez souvent, voire même de **fall**, et s'adressant presque uniquement aux gamins, elle signifie *morveux.*

marmouz kaoc'h ! « singe de merde »
C'est le degré au-dessus de la précédente, le petit singe de merde, le petit merdeux.

marvasenn ! « mollasson »

C'est un dérivé de l'adjectif **marv**, qui signifie *mort*, auquel on a rajouté le suffixe **-asenn**, qui est très péjoratif. La **marvasenn** – le mot est féminin, mais s'emploie aussi bien pour les hommes que pour les femmes – déploie autant d'énergie qu'un mort.

mezh « honte »

La honte est le sentiment que les Bretons tiennent en horreur ; **gant ar vezh** (*avec la honte*) dit-on pour souligner son indignation ; **ar vezh ruz** (*la honte rouge*) étant la pire de toutes... Ceci dit, **mezh** rentre en composition dans quelques insultes : **mezh ar vro !** (*la honte du pays*), **mezh-e-welet !** (*celui qui fait honte à voir*).

mic'hieg ! « morveux »

De la même façon qu'en français, le terme s'emploie pour les gamins qui veulent jouer dans la cour des grands.

moc'h badezet ! « porcs baptisés »

S'applique aux personnes impolies, mal embouchées, aux malappris ne sachant pas se tenir.

noueañs ar groug ! « engeance de gibet »

Idem **boued ar groug** (*pendard*).

SUNERIEN MOUILC'HI
TRENKET!! GENAOUEIEN.!!
HAILHONED!!!

P

panezenn ! « panais »

Les Léonards faisaient une grosse consommation de panais autrefois, ce qui les fit longtemps surnommer du nom du dit légume, « burlesquement » précise Grégoire de Rostrenen dans son dictionnaire de 1732. Tanguy Malmanche, dans son conte *Kou le corbeau*, précise quant à lui que cette consommation les faisait jouer de « l'orgue à boyaux », le seul instrument qu'ils maîtrisaient ; ce qui rendait leur compagnie odorante. Accessoirement, le mot est synonyme de *sot*, c'est bon à savoir... **Yann Banezenn** (*Jean Panais*) désigne l'archétype du sot.

paotrez ! « garce »

C'est le féminin de **paotr** (*gars*) qui a suivi la même évolution. **Paotrez** ou **paotrezenn**, signifie en breton *jeune fille*, ou même *fillette*. Mais comme en français, du féminin de *gars*, il a pris le sens de *salope*, *putain*.

paourkaezh tru ! « pauvre pitoyable »

Le pauvre mec, quoi... dont on se demande s'il attire la compassion ou la moquerie.

pav kaol ! « patte de choux »

Difficile de savoir précisément ce que recouvre cette invective rurale... Peu de chances qu'il s'agisse d'une attitude intelligente. Parfois on précise **pav kaol skornet !** (*patte de choux gelée*) ; ça doit être pire...

pemoc'h ! « cochon »

L'animal préféré de saint Antoine, en breton comme en français, désigne l'individu quelque peu crassouillet, qu'en fout partout et qui touche à l'eau le moins possible. L'injustice est flagrante : comment peut-on en vouloir à ce noble animal chez qui tout est bon ?

penn « tête » (terme générique)

A de multiples emplois : sert aussi bien à souligner les défauts physiques, que le peu de capacités intellectuelles...

penn bailh ! « tête de baquet »

Voir **bailh**.

penn boultouz ! « tête de baudroie »

Pour ceux qui ont déjà vu une baudroie (c'est le nom que l'on donne à la lotte présentée en entier – dans le commerce, le poissonnier ne présente que la queue), l'injure cause d'elle-même : la bête est d'une laideur repoussante. L'incriminé pourra toujours se venger en disant que la chair est des plus succulentes. Peut être comparé au français *gueule de raie*. Voir aussi **penn touilh**.

penn chaotret ! « tête montée »

Se dit, à l'instar des légumes montés en graines, des personnes très grandes, un pote au **diskrouger anduilh** cité plus haut. S'emploie également pour les visages bourgeonnés.

penn dotu ! « tête à recevoir des coups de crosse »

Nous voilà chez les Trégorrois, qui outre la moquerie, savent aussi manier les noms d'oiseaux... Le **penn dotu** c'est la tête à baffes. Vient de l'ancien jeu de crosse, qui tenait du hockey actuel, où la crosse se dénommait **bazh-dotu**, avec laquelle on cognait tant qu'on pouvait sur une malheureuse balle.
L'injure s'adresse également aux têtus, entêtés...

penn farouel ! « tête de clown »

Celui dont les traits prêtent à rire, la bille de clown...

penn garnel ! « tête d'ossuaire »

L'attaque vise le chauve, dont le crâne est aussi poilu qu'un œuf ou qu'un galet. Que voulez-vous, ceux qui portent la casquette en peau de fesse sont toujours en butte aux sarcasmes de leur prochain, lequel est peu charitable, surtout lorsqu'il peut se venger des disgrâces dont dame Nature l'a affublé.

penn kalet ! « tête dure »
L'opiniâtreté emblématique des Bretons ne saurait servir d'injure... D'honneur, je ne dis pas !

penn kleiz ! « tête gauche »
C'est celui ou celle qui n'en fait qu'à sa tête, quoi qu'on lui dise, ce qui a le don d'énerver les autres.

penn kloc'h ! « tête de cloche »
La personne taciturne, l'ours par excellence.

penn koad ! « tête de bois »
Rien à voir avec les âges tendres d'autrefois... C'est là ceux que l'on désigne en français par *tête de mule*... On dit également **penn karn !**

penn leue ! « tête de veau »
Rien de culinaire dans l'insulte en question... C'est idem **beg leue** (voir supra).

penn peul ! « tête en forme de poteau »
S'adresse à ceux dont la configuration céphalique donne dans la longueur, ce qui leur assure un air des plus fins et des plus intelligents ! La correspondance française la plus proche serait peut-être *tronche en biais*.

penn revr ! « tête de cul »
Deux sortes d'individus peuvent être traités de la sorte : les tondus (voir **daou revr**) ou bien ceux qui sont très joufflus.

penn tev ! « tête épaisse »
S'adresse à ceux qui ont l'esprit obtus, têtu... Une expression dit également qu'ils ont le bonnet épais : **bezañ tev e voned.**

penn touilh ! « tête de roussette »
Désigne quelqu'un de moche. Voir **penn boultouz.**

peul ! « poteau »
Désigne celui qui ne bouge pas plus qu'un poteau et qui ne montre guère plus d'intelligence. On en rajoute : **paourkaezh peul** ! Le spécimen abouti est surnommé **Fañch ar Peul** ! (*François le Poteau*) ou encore **Yann beul** ! (*Jean Poteau*). Voir aussi **bazh pavilhon.**

pezh « pièce » (terme générique)
Mot bien pratique qui, suivi d'un adjectif, vous permet d'injurier le malotru d'en face. Voir aussi **feson, makez, tamm.**

pezh didalvez ! « bon à rien, fainéant »
Très utile pour tous ceux qui se prennent pour des incontournables et sont toujours sur le dós des braves gens qui regardent le temps passer, faute de mieux...

pezh divalav ! « pièce laide »
Idem **pezh didalvez.**

pezh fall ! « mauvaise pièce »
Désigne la salope, la putain, bref les dames de haute compagnie.

pezh lêr ! « pièce de cuir »
La putain aussi...

pezh lous ! « pièce sale »
La putain encore...

pezh teil ! « pièce de fumier »
La putain toujours...

pezh vil ! « vilaine pièce »
La putain toujours et encore...

pich kaoc'h ! « bitte à merde »
Le terme manque d'élégance, le fait est certain, mais pas de clarté. Il désigne les messieurs qui préfèrent les messieurs, les presbytes de l'œil de bronze. Ce qui met hors d'eux les messieurs qui aiment les dames du même côté.

pich melen ! « bitte jaune »
Idem **pich kaoc'h.**

pich null ! « bitte nulle »
C'est vexant, hein !... Surtout venant de la bouche des dames. Un **pich null** ne sert donc pas à grand'chose, sa nullité le condamnant à l'impuissance, ou pour le moins à des performances modestes. L'injurié peut se défendre avec un **revr skorn** hargneux, mais faut être sûr de soi... (voir infra).

L'évidence même laisse savoir que **pich** peut s'employer à toutes les sauces ; ainsi, selon le mec visé, on lui donnera du **pich berr** (*courte bitte*), **pich kamm** (*bitte tordue*) etc. On a le choix dans l'adjectif !

pich plat ! « bitte plate »
Il s'agit là du sexe des dames ; au pluriel, ça devient carrément ordurier... **ar pichoù plat**, désignant les femmes en général, comme on dirait en français *les fendues*...

pich pri ! « bitte à boue »
Idem **pich kaoc'h.**

pikez ! « chipie, pimbêche »
Injure exclusivement féminine, la **pikez** étant le type même de l'emmerdeuse finie. S'adresse assez souvent aux fillettes... On souligne parfois **pikez du**, voire **pikez fall**, dans les cas graves.

pipisig !
Voir **staoter.**

pitaouaer ! « cavaleur »
Ne sert d'injure que dans certains milieux coincés. Pour la gouverne de ceux-ci, je leur précise que l'invective peut-être soulignée de **brein.** Le **pitaouaer brein** est l'archétype du coureur de jupon invétéré.

poch « sac » (terme générique)
Cet emprunt au français *poche* signifie *sac* ; tout comme **sac'h**, il fait référence aux attributs sexuels de l'homme et surtout aux défauts les concernant.

poch goullo ! « sac vide »
Encore un malheureux impuissant...

poch kras ! « poche sèche »

Poch est ici un emprunt direct au français, qui signifie *poche*, alors qu'on emploie habituellement **godell, chakot** ou encore **fichet**... Comme insulte, il s'adresse aux radins. Voir aussi **revr kras**.

pod-houarn ! « pot de fer »

Qualificatif peu honorable, comme toutes les injures du reste, qui sert à rebaptiser les imbéciles.

porc'hell ! « cochon »

Désigne « proprement » le petit du cochon (voir **pemoc'h**) ; localement, il est synonyme de **pemoc'h**. **Porc'hell badezet !** (*cochon baptisé*) désigne le malpoli.

porc'heller ! « cochonneur »

C'est le bâcleur de travail.

PITAOUAER
REVR
SKORN
PITAOUAER

REVR
KEGiN

R

ramagnant ar groug
Idem **boued ar groug.**

ra netra ! « (qui) ne fait rien »
Le fainéant, mal vu chez ce peuple de fiers travailleurs que sont les Bretons (je parle de ceux qui ont du boulot). Injure qui blesse, en ces temps de chômage... Entendue à Brest en français local : espèce de **ra netra !**

rastell doull ! « râteau troué »
Si vous entendez quelqu'un se faire traiter de la sorte, ne lui faites jamais confiance, ne l'entretenez jamais de vos projets et encore moins de vos tourments : sa langue est plus forte que lui...
L'invective s'adresse aussi aux infortunés qui ont le sourire en créneau, vu qu'il y a lulure qu'ils n'ont plus trente-deux dents.

reder-e-revr ! « celui qui court après son cul »
Ça peut être le vagabond, quand on parle d'un adulte, ou bien un gamin qui ne tient pas en place.

rest ma c'hoan ! « ce qui reste de mon dîner »
C'est-à-dire pas grand chose ou moins que rien ! Insulte destinée à ceux que l'on méprise. Voir aussi **bramm kog.**

revr « cul » (terme générique)

Admet toute une série d'adjectifs soulignant les défauts, dans le genre **pizh** (*radin*), **lous** (*sale*), etc. Voir aussi les compositions **gwe-e-revr**, **reder-e-revr**, **chaoker-e-revr**, **mag-e-revr**, **ruz revr**, **fas ma revr**, **toull ma revr** et la formidable **daou revr**.
Bien que masculin, le mot **revr** provoque localement une mutation dans l'adjectif qui le suit.

revr bervet ! « cul bouilli »

C'est celui qui ne tient pas en place, qui est toujours en effervescence.

revr berr ! « cul court »

S'adresse à ceux qui ont le tuyau d'échappement près du gazon, à ceux qui ont oublié de grandir.

revr kegin ! « cul de geai »

L'oiseau a le cul carré et gros, convenons-en... Et ce « nom d'oiseau » qualifie les personnes dont le fondement inspire le respect, si ce n'est l'admiration !

revr kras ! « cul sec »

Encore un radin ; si l'on en juge du nombre d'insultes qui les désignent, la race n'en est pas trop aimée en Bretagne ! On dit aussi **revr pizh** ! Voir aussi **poch kras.**

revr lor ! « cul lépreux »

Par extension de sens – dans la région de Douarnenez – l'adjectif **lor**, qui vient de **lovr** (*lépreux*), a d'abord signifié *sale*, et puis *lourdaud*, *empoté*... Le **revr lor** n'est pas très dégourdi.

revr louedet ! « cul moisi »

Ça manque d'élégance, mais c'est la vieille fille...

revr poazh ! « cul cuit »
Aucun doute à avoir, nous sommes bien là en présence d'une femme qui a le feu au cul ; y serait même grand temps de faire quelque chose...

revr skorn ! « cul de glace »
Certaines n'ont pas le feu au cul, c'est le moins qu'on puisse dire. Elle refroidissent même les plus belles ardeurs. En français on les dit frigides. Les **pich null** incriminent les **revr skorn**, et lycée de Versailles.

revr tomm ! « cul chaud »
Idem **revr poazh**.

revr war wigour ! « cul qui grince »
C'est le grincheux, celui qu'est jamais content, qui se plaint tout le temps.

revr yen ! « cul froid »
Idem **revr skorn.**

ruz revr ! « celui qui traîne son cul »
Très pratique au volant pour invectiver le **pav kaol** qui conduit la poubelle de devant. On dit aussi **ruzer-e-revr** ou encore **ruz-e-revr.**

S

sac'h « sac » (terme générique)
Terme qui désigne la personne et ses attitudes, ses défauts, etc. Sexuellement, le sac désigne le scrotum, les attributs masculins, et les défauts qui accompagnent certains ; on en mortifie les malheureux qui ont le pafounet irrémédiablement branché plein sud.
On s'en sert aussi pour les jurons : **ma sac'h !** (*mes couilles*). Voir **poch**.

sac'h an diaoul ! « sac du diable »
Idem **andon an diaoul.**

sac'h ardoù ! « sac à manières »
Idem **toull kamambre.**

sac'h c'hwez ! « sac gonflé »
Désigne le vantard, le prétentieux, celui qui est bouffi d'orgueil et qui n'a guère de raisons de l'être, vu que c'est du vent... On dit également **sac'h c'hwezet.**

sac'h dizere ! « sac qui n'est pas fermé »
C'est celui qui ne sait pas garder un secret, comme son poto le **rastell doull.**

sac'h don ! « sac profond »

Désigne le trou, celui qui boit et mange énormément, voire n'importe quoi, du moment que ça s'avale : tout fait ventre !

sac'h gevier ! « sac à mensonges »

C'est bien sûr le fieffé menteur, dont le sac est toujours bien rempli.

sac'h goeñvet ! « sac fané »

Désigne l'impuissant, dont la zigounette n'en finit pas de marquer six heures et demi...

sac'h gwin ! « sac à vin »

Le **sac'h gwin** s'entend avec son confrère le **sac'h sistr** comme larrons en foire. L'un comme l'autre vous plantent le coude dans le comptoir avec une célérité toute remarquable. C'est un métier ça, monsieur !

sac'h kaoc'h ! « sac à merde »

Idem **bern kaoc'h**. S'emploie aussi dans le sens de *prétentieux*, comme **marc'h kaoc'h.**

sac'h kropet ! « sac engourdi »

Idem **sac'h goeñvet.**

sac'h laou ! « sac à poux »

Désigne bien entendu le pouilleux, celui qui, comme dit le conte, quand il va à la chasse « ramène avec lui le seul gibier qu'il n'a pas tué ». L'injure est fréquemment destinée aux chiens...

sac'h moged ! « sac à fumée »

Comme le **sac'h c'hwez**, le **sac'h moged** est un orgueilleux fini...

OUARF!!

sac'h ourgouilh ! « sac à orgueil »
Idem **toull ourgouilh.**

sac'h panez ! « sac à panais »
Le panais, on l'a vu plus haut, n'est pas un référent de l'intelligence. Le sac destiné à en contenir non plus. Le sac à panais désigne donc le sot, l'imbécile...

sac'h sistr ! « sac à cidre »
Idem **sac'h gwin.**

sac'h toaz ! « sac à pâte »
Traiter quelqu'un de **sac'h toaz** revient à désigner son embonpoint quelque peu excessif. On peut varier, et dire **sac'h yod**... Correspond à *gros lard.*

sac'h yod ! « sac à bouillie »
Idem **sac'h toaz.**

saladenn galedet ! « salade montée en graine »
C'est la salade que personne n'a cueillie quand elle était bonne à manger... C'est aussi la femme qu'on a laissée vieillir seule, la vieille fille.

sapre « sacré »
C'est une déformation du français *sacré* qui a gardé le même sens quand on l'emploie avant une insulte, dans le genre *sacré couillon !*

siler dour ! « filtreur d'eau »
Chez les pêcheurs bigoudens, c'est celui qui n'attrape rien dans ses filets, le mauvais pêcheur.

siler koaven ! « filtreur de crème »
C'est le beau parleur hypocrite ; l'expression est à rapprocher de celles qui désignent les hommes qui avaient la réputation d'aimer faire le travail destiné traditionnellement aux femmes. Voir **katellig.**

skider ! « celui qui a la chiasse »
Comme **kac'her**, signifie *morveux, blanc-bec...*

skoulm yod ! « nœud de bouillie »
Nœud pas facile à faire... Cette étrange insulte désigne l'imbécile.

skouarn gaoc'h ! « oreille (pleine de) merde »
S'emploie à l'adresse des sourds – des vrais comme de ceux qui font semblant de ne rien entendre. Le terme manque d'élégance, oui, mais pas de précision...

skragnadenn ! « radine »

Dérivé de l'adjectif **skragn**, qui signifie *avare, radin...*

sod ! « sot »

L'éternel sot... **Sodell** au féminin. On précise parfois **sod da stagañ !** (*sot à être attaché*). Ça s'aggrave pour l'intéressé...

sotin ! « sot »

Voir **beulkin**.

staoter ! « pisseur »

À Douarnenez, c'est l'ivrogne qui s'oublie ! On l'appelle aussi **pipisig**.

staoterez ! « pisseuse »

La **staoterez**, c'est la pissouse, la gamine. Chez les dames, c'est désobligeant.

strink gaol ! « celle qui lance l'entrecuisse »

Ou, comme on disait dans le français des années 50 : Mimi patte en l'air ! C'est la fille facile.

stronk

D'emplois multiples... Le **stronk**, au départ, c'est quelque chose de sale, qui va de la merde aux ordures. Pour les pêcheurs, c'est de l'appât obtenu à partir de têtes et d'œufs de poissons broyés – qui dégage une odeur certaine, voire même une certaine odeur... **Tamm stronk ! Toull stronk ! Stronk ma'z oc'h !** (*espèce de stronk*). Peut s'employer aussi bien pour les hommes, les femmes que pour les enfants. Désigne, c'est selon, le salaud, l'ivrogne, la salope ou le petit vaurien.

stronkenn ! « femme sale »

Dérivé de **stronk** (supra). À Douarnenez, désigne la femme sale, la petite fille qui se néglige.

suner mouilc'hi trenket ! « suceur de merles aigris »

En voilà une insulte qu'a d'la gueule !... On ne sait pas très bien avec qui ni pourquoi l'employer, mais elle fait bien ; enfin moi j'trouve...

T

tad ar vosenn ! « père de la peste »
Drôle de papa...

takezenn !
C'est au sens propre la dernière crêpe que l'on fait avec le restant de pâte, elle est toute petite, elle ne ressemble à rien, elle est ridicule : on l'a vraiment faite avec ce qui reste, avec peu... Un peu comme ces gens que l'on dit **echuet gant ar staot** (*finis à la pisse*), qui respirent l'inintelligence. Eh ben, la ou le **takezenn**, c'est un peu ça aussi...

tamm « morceau » (terme générique)
Traduit souvent assez bien l'idée du français *espèce de* dans les insultes. Voir aussi **feson, makez, pezh.**

tamm ar c'hagn ! « morceau de charogne »
Vous l'employez quand vous voulez... Pratique, non ?! Faut quand même que je vous dise que ça démarre à la hauteur de *fils de pute* et compagnie... Laquelle compagnie est nombreuse.

tamm ar foeltr ! « morceau de la foudre »
En fait, celui qui n'est bon qu'à être pulvérisé par la foudre.

tamm ar gordenn ! « morceau de la corde »
Idem **boued ar groug** (*pendard*).

tamm d'al laou ! « morceau à puces »
Idem **sac'h laou** (*pouilleux*).

tamm stronk ! « morceau de stronk »
Voir **stronk**.

tamm teil ! « morceau de fumier »
Voir **teil**.

targazh ! « matou »
Idem **bouc'h**.

tarlasker ! « celui qui se gratte »
Le gueux, le va-nu-pieds, qui se gratte sans arrêt, be-cause les poux, puces et autres bêbêtes du genre.

teil « fumier »
Connaît quelques bons emplois, comme ce **tamm teil !** qui, donné avec la vigueur nécessaire, correspond assez bien au *fumier !* français. Quant à **pezh teil**, c'est l'une des insultes qui désignent la putain... On reste donc dans le domaine de l'odeur, le français *putain* étant dérivé du verbe *puer*. Voir aussi **bern teil**.

teileg ! « tas de fumier »
L'orgueilleux fini, tellement qu'il en pue.

termaji tro kêr ! « saltimbanque qui va et vient en ville »
Le mot **termaji** est une déformation de *lanterne magique* qui servait autrefois avant l'invention du cinéma... Par extension de sens, il en vint à désigner ceux dont c'était le métier, puis tous les gens du cirque et enfin les gens

du voyage. À Douarnenez, c'est aussi celui qui n'en fout pas une et passe son temps à baguenauder en ville.

torch listri ! « torchon à vaisselle »
C'est la souillon, la femme malpropre.

torr penn ! « casse-tête »
L'emmerdeur, celui ou celle qui ne vous lâche pas une seconde.

torr revr ! « casse-cul »
Au baromètre de l'injure, le **torr revr** habite à l'étage au-dessus du **torr penn**. C'est le casse-couilles intégral. À fuir...

toull « trou » (terme générique)

Toull peut servir à plusieurs sortes d'injures : tout comme **sac'h**, il désignera ceux qui se servent trop de leur bouche, pour la remplir... Il peut référer également à l'anus, voir **toull kest** ou **toull foer**. Enfin il peut désigner la personne toute entière comme dans **toull ourgouilh, toull skragn.**

toull diboan ! « trou sans peine »
C'est celui qui ne se donne pas la peine de faire quoi que ce soit, la feignasse.

toull foer ! « trou à diarrhée »
C'est le trouillard, comme **foerer** ou **fouerouz.**

toullig diwarlerc'h ! « petit trou arriéré »
C'est celui qui ne comprend jamais rien à rien ou qui comprend tout de travers...

toull kamambre ! « trou à manières »
Pour ceux qui refusent les coups qu'on leur paye, et les maniérées qui minaudent à tout bout de champ. On dit aussi **toull chistroù**. Voir également **sac'h ardoù.**

toull kest ! « trou à oxyures »
S'adresse aux bambins dont on connaît la propension à abriter une quantité phénoménale de vers qui leur grouillent dans le fondement et vous foutent la gerbe comme c'est pas possible... Voir aussi **kac'her kest.**

toull ma revr ! « trou de mon cul »
Correspond au *trou du cul !* français. Sert également de juron.Voir aussi **fas ma revr.**

toull ourgouilh ! « trou à orgueil »
Quelque chose comme le cheval bien connu : un orgueilleux, fier, vaniteux.

toull sistr ! « trou à cidre »
Trou ma foi bien difficile à remplir... On dit aussi **sac'h sistr**, ou même **kof sistr**... Bref, trou, sac ou ventre, c'est

pour y loger du cidre. La simple évidence laisse deviner que le dit cidre se remplace très bien par tout autre produit de qualité !

toull skragn ! « trou radin »
Tout comme **skragnadenn**, s'emploie pour invectiver les radins.

toull stronk ! « trou à stronk »
Voir **stronk**.

tourc'h ! « verrat »
Idem **bouc'h**.

tourc'h moal ! « verrat chauve »
On connaît peu de verrats **blev hir**, mais bon... Bien balancé, ça doit produire son petit effet !

touseg ! « crapaud »
Désigne le radin, probablement par rapport aux péchés capitaux, l'avarice – mère de tous les vices ! – étant représentée autrefois dans les tableaux de mission sous la forme de cet aimable et paisible amphibien aux yeux d'or liquide.

tres kroug ! « celui qui ressemble à celui qui ira à la potence »
Idem **boued ar groug** (*pendard*).

treudasenn ! « maigrichon »
C'est un dérivé en **-asenn** de l'adjectif **treut**, qui signifie *maigre*. Désigne donc les personnes très maigres ; le dire à une femme, c'est la traiter de *planche à pain*...

troc'h diod ! « coupe idiot »
Le mot **troc'h**, qui signifie habituellement *coupe*, *coupure*, doit être pris ici dans le sens de *espèce*, donc **troc'h diod** : *espèce d'idiot*.

troc'her buzhug ! « coupeur de vers de terre »
Idem **chaoker patatez**.

trugell gozh ! « vieille commère »
C'est la vieille qui est toujours à médire des autres.

TORR PENN!

VY

vilgenn ! « vilaine peau »

Désigne la femme malpropre, et comme bien souvent, celle qui est de mœurs légères et de petite vertu.

Yann « Jean »

Jean est le prénom par lequel on peut désigner une personne affublée de tel ou tel défaut. Suivi d'un adjectif ou de tout autre terme, il peut devenir une insulte.

Le prénom sert à d'autres choses : **Yann Saoz** (*Jean l'Anglais*) désigne l'Anglais type, dans toute sa splendeur ; les Bretons n'ont pas été longs à baptiser ses descendants d'outre-Atlantique, c'est **Yann Ki** (*Jean Chien*)...

Yann al leue ! « Jean le veau »

C'est la personnification de l'idiot, comme on l'a vu chaque fois qu'il est question d'un veau.

Yann banezenn ! « Jean panais »

Voir **panezenn**.

Yann beul ! « Jean poteau »

Voir **peul**.

Yann-e-c'houstell ! « Jean à la pelote »

Selon le linguiste Émile Ernault, c'était une insulte trégorroise, mais il n'en donna pas le sens. Je pense qu'elle devait s'adresser aux radins, à ceux qui aiment bien entasser leurs économies, qui aiment bien faire leur pelote.

Yann gontant ! « Jean content »

C'est le cocu qui le sait et ne s'en offusque pas... Voir **golo-pod**.

Yann laou ! « Jean aux poux »

Désigne le pouilleux, comme **marc'h laou**, **sac'h laou**, **tamm d'al laou**...

Yann seitek ! « Jean dix-sept »

Yann seitek est l'archétype de l'innocent, le bêta, le niais... **« Yann seitek, an hini a laka triwec'h d'ober naontek ! »** dit le dicton populaire (*« Jean dix-sept, celui qui met dix-huit pour faire dix-neuf ! »*). À remarquer, ce magnifique verbe léonard, construit sur le nombre *dix-sept*, **diseitegañ**, que l'on pourrait traduire *dédixseptiser*, faire sortir de l'état de **Yann seitek**, déniaiser.

yar beliet ! « poule épluchée (= plumée) »

Le trouillard dans toute sa splendeur.

yar dilostet ! « poule équeutée »

Idem **yar beliet**.

yar-zour ! « poule d'eau »

De même sens que les deux précédents, mais traduisant plus précisément le français *poule mouillée*, et pour cause...

I'm the King of Rañs!

yod « bouillie »

Se trouve dans quelques insultes. Voir **beg yod**, **bouzelloù yod**, **kòf yod**, **labous yod**, **sac'h yod**, **skoulm yod**.

youlc'henn ! « fille légère »

C'est un dérivé de **yourc'h**, comme **yourc'hez**, qui désigne le chevreuil. C'est aussi la fille légère (de vertu), la coureuse – aussi légère et rapide que le chevreuil – et parfois le garçon manqué.

yourc'hez ! « fille légère »

Idem **youlc'henn**.

Vous voilà maintenant instruit de l'art et la manière des Bretons de se dire des mots d'amour, mais ceci n'est qu'un avant goût, car ce petit opuscule (c'est pas un gros mot) ne saurait prétendre à renfermer toute la science bretonne de l'insulte, l'injure et l'invective... Il ne vous reste donc plus qu'à apprendre le breton (si ce n'est déjà fait) et à laisser libre cours à votre imagination.

Bibliographie

Méthodes d'apprentissage

Brezhoneg buan hag aes (*Le breton vite et facile*)
Pêr Denez – éd. Omnivox
(versions disponibles en anglais, allemand, gallois, catalan et espéranto aux éd. Mouladurioù Hor Yezh)

Ni a gomz brezhoneg (*Nous parlons breton*)
Mark Kerrain – éd. TES

Brezhoneg
Nikolaz Davalan – éd. Skol an Emsav

Herve ha Nora (*Hervé et Nora*)
Armañs ar C'halvez – éd. Mouladurioù Hor Yezh

Méthode rapide de breton
Roparz Hemon – éd. Al Liamm

Nouvelle méthode de breton
Frañsez Kervella – éd. Ouest-France

E brezhoneg pa gari (*En breton quand tu veux*)
méthode multimédia CD ou DVD-rom
éd. Warok

Le breton de poche
Divi Kervella – éd. Assimil

Grammaires

Petite grammaire du breton moderne
Yann Desbordes – éd. Mouladurioù Hor Yezh

Grammaire bretonne
Roparz Hemon – éd. Al Liamm

Dictionnaires

Dictionnaire breton-français / français-breton
Roparz Hemon, Ronan Huon – éd. An Here-Al Liamm

Dictionnaire breton-français / français-breton
éd. Mouladurioù Hor Yezh

Geriadur brezhoneg An Here
dictionnaire monolingue breton
éd. An Here

Dictionnaire classique français-breton
10 tomes
René Le Gléau – éd. Al Liamm

Ouvrages en breton de lecture facile
(écrits spécialement à destination des débutants)

Ho kervel a rin en noz
Roparz Hemon – éd. Al Liamm

Gaovan hag an den gwer
Roparz Hemon - éd. An Here

Danevelloù divyezhek / Nouvelles bilingues
éd. An Here-Al Liamm

Santez Dahud
Roparz Hemon - éd. Hor Yezh

Ouvrages concernant la langue bretonne

Une culture bretonne pour le XXIe siècle
éd. Institut Culturel de Bretagne

La Bretagne, une langue en quête d'avenir
Pêr Denez - éd. Bureau européen pour les langues les moins répandues

Le Droit à la parole
Noël Lainé - éd. Terre de Brume

Parlons breton
Patrick Le Besco - éd. L'Harmattan

Plus de breton ? Conflit linguistique en Bretagne rurale
Eva Vetter - éd. An Here

Quelle école pour la Bretagne ? / Peseurt skol evit Breizh ?
éd. Diwan, Europe Éducation, Centre Mondial pour l'Éducation Bilingue, Institut Culturel de Bretagne

Le Breton, la trame d'une langue
Jean-Yves Urien - éd. Mouladurioù Hor Yezh

Permanence de la langue bretonne, de la linguistique à la psychanalyse
éd. Institut Culturel de Bretagne

Le Breton, la jeunesse d'une vieille langue
Fañch Morvannou - éd. Presses Populaires de Bretagne

Histoire d'un interdit : le breton à l'école
Claude Le Du - éd. Hor Yezh

L'État face à la langue bretonne
(article dans le n° 4 de la revue *Klask*)
Valérie Lachuer - éd. PUR

Diwan, vingt ans d'enthousiasme, de doutes et d'espoir
Jean-Charles Perazzi - éd. Coop Breizh

Adresses utiles

Cours et stages de breton

Deskiñ d'an oadourion (DAO)
(*Apprendre aux adultes*)
(regroupement des associations de cours du soir)
BP 35 - 29720 Ploneour-Lanwern
pgz/plr 02 98 87 72 41

Mervent
Plasenn Amiral Ronarc'h - BP 29 - 29720 Plouneour-Lanwern
pgz/plr 02 98 87 72 41
mervent@wanadoo.fr

Roudour
Hent Berrien - BP 24 - 29690 An Uhelgoad
pgz 02 98 99 75 81 / plr 02 98 99 76 01

Skol an Emsav
8, straed Hoche - 35000 Roazhon
pgz 02 99 38 75 83

Stumdi
Maner Keranden - 29800 Landerne
pgz 02 98 21 39 94 / plr 02 98 85 04 37

KEAV
22, Hent Moulioucn - 29000 Kemper
pgz 02 98 95 59 31 / plr 02 99 53 58 34
keav@wanadoo.fr

An Oaled
14, straed an Ti-kêr - 29870 Treglonou
pgz 02 98 04 07 04 / plr 02 98 04 45 59
anoaled@bdway.com

Spered ar Yezh
Kerouer - 29270 Sant-Hern
pgz 02 98 99 58 55

Sked
18, straed Duguay-Trouin - 29200 Brest
pgz 02 98 80 26 71 / plr 02 98 44 36 97

Skol Ober (cours par correspondance)
straed Louzaouenn-an-hañv – 22300 Lannuon
pgz 02 96 48 03 00 / plr 02 96 48 03 01
kab@brezhoneg.org – www.skolober.com

Sav-Heol
(cours de breton sur internet en français, anglais, espagnol et allemand)
www.kervarker.org

Maisons d'édition en langue bretonne

An Alarc'h
straed Louzaouenn-an-hañv – 22300 Lannuon
pgz 02 96 48 03 00 / plr 02 96 48 03 01

Al Lanv
59, hent Kerdronioù Vihan – 29000 Kemper
pgz/plr 02 98 94 60 99
al-lanv@wanadoo.fr

Al Liamm
straed Louzaouenn-an-hañv – 22300 Lannuon
pgz 02 96 48 03 00 / plr 02 96 48 03 01

Bannoù-Heol
140 hent Pont-'n-Abad – 29000 Kemper
02 98 64 58 96
b-heol@caramail.com

Hor yezh
straed Louzaouenn-an-hañv – 22300 Lannuon
pgz 02 96 48 03 00 / plr 02 96 48 03 01

Keit vimp bev
Kervorn - 29520 Laz
pgz 02 98 73 80 11 / plr 02 98 73 82 12
keit-vimp-bev@wanadoo.fr

Mouladurioù hor yezh
1, plasenn Charles-Péguy - 29260 Lesneven
pgz/plr 02 98 83 17 97

Ti Embann ar Skolioù (TES)
30, straed Auguste-Brizeux - 22015 Sant-Brieg cedex
pgz 02 96 68 14 50 / plr 02 96 68 14 52
tes@tes.c-si.fr

Organismes et associations de défense et de promotion du breton

Dastum
16 rue de la Santé - 35000 Roazhon
pgz 02 99 30 91 00

Dihun
(Association de parents d'élèves pour l'enseignement du breton dans les écoles privées)
72, rue des 2 frères Texier la Houlle - 56000 Gwened
pgz 02 97 40 70 92 / plr 02 97 40 70 92
www.dihun.com

Div Yezh
(ou APPEEB, Association de parents d'élèves pour l'enseignement du breton dans les écoles publiques)
10 rue abbé Gibert - 22110 Rostrenenn
pgz 02 96 29 23 33 / plr 02 96 29 34 66
www.div-yezh.fr

Diwan
BP 147 - TA Sant-Ernel - 29411 Landerne cedex
pgz 02 98 21 33 69 / plr 02 98 21 31 84
diwan.breizh@wanadoo.fr

Skol an Emsav
8, straed Hoche - 35000 Roazhon
pgz 02 99 38 75 83 / plr 02 99 63 82 28
sae.bzh@wanadoo.fr

Skol-Uhel ar Vro / Institut Culturel de Bretagne
6, straed Porte Poterne - 56000 Gwened
pgz 02 97 68 31 10 / plr 02 97 68 31 18
icb.suav@wanadoo.fr

Kuzul ar brezhoneg / conseil de la langue bretonne
straed Louzaouenn-an-hañv - 22300 Lannuon
pgz 02 96 48 03 00 / plr 02 96 48 03 01
kab@brezhoneg.org

Ofis ar brezhoneg / Office de la langue bretonne
www.ofis-bzh.org
- 10, straed Naonediz - 35000 Roazhon
  pgz 02 23 44 04 30 / plr 02 23 44 04 39
  ofisr.bzh@wanadoo.fr
- 8, straed Félix-Faure - 29270 Karaez
  pgz 02 98 99 30 10 / plr 02 98 99 30 19
  ofisk.bzh@wanadoo.fr
- 17, straed Anvours - 44000 Naoned
  pgz 02 51 82 48 35 / plr 02 40 89 02 79
  ofisn.bzh@wanadoo.fr

Ti ar brezhoneg
22, rue Delambre - 75014 Paris
pgz /plr 01 43 35 26 41
tiarbrezhoneg@respublica.fr

Unvaniezh ar gelennerien brezhoneg / Association des professeurs de breton
2, hent Kreiz ar Vourc'h - 29270 Sant-Hern

La langue bretonne dans les médias

Radio

Arvorig FM
Plasenn an Iliz, 29450 Kommanna
pgz/plr 02 98 78 02 14
arvorigfm@libertysurf.fr
arvorigfm.fr.ft

France Bleu Armorique
14 bali Janvier, 35031 Roazhon
pgz 02 99 67 43 21 / plr 02 99 67 22 08
bleuarmorique.com

France Bleu Breizh-Izel
12 straed Falkirk, BP 1119, 29101 Kemper cedex
pgz 02 98 53 65 65 / plr 02 98 53 57 54
bleubreizizel@wanadoo.fr
bleubreizizel.com

Radio Bro Gwened
Kae Plessis, BP 186, 56308 Pondi
pgz 02 97 25 14 00 / plr 02 97 27 85 22
radio.bro.gwened@wanadoo.fr
radio-bro-gwened.com

Radio Kerne
23 straed Laeneg, 29710 Ploneiz
pgz/plr 02 98 91 05 00
radio.kerne@free.fr

Radio Kreiz-Breizh
Bourk, 22160 Sant-Nigouden
pgz 02 96 45 75 75 / plr 02 96 45 78 49
rkbinfo@wanadoo.fr

RCF Rivages
Keraodren, 29200 Brest
pgz 02 98 34 66 00 / plr 02 98 34 66 59
rcf.rivages@wanadoo.fr

Télévision

France 3 Breizh
9 bali Janvier, BP 3153, 35031 Roazhon cedex
pgz 02 99 01 78 58 / plr 02 99 01 78 30
www.france3.fr

France 3 Iroise
straed Frédéric Le Guyader, 29287 Brest cedex
pgz 02 98 43 51 60 / plr 02 98 43 51 75

TV Breizh
1 kae Péristyle, BP 737, 56107 An Oriant cedex
pgz 02 97 35 01 00 / plr 02 97 35 01 10
degemer@tv-breizh.com
www.tv-breizh.com

TV Rennes
19 straed Quintaine, 35000 Roazhon
pgz 02 99 30 58 / plr 02 99 31 06 50
tv.rennes@tv-rennes.com

Journaux, revues

Al Lanv
59 hent Kerdronioù Vihan, 29000 Kemper
pgz/plr 02 98 94 60 99
al-lanv@wanadoo.fr

Al Liamm
27 bali Laeneg, 35000 Roazhon
pgz/plr 02 99 67 33 66

Bremañ
8 straed Hoche, 35000 Roazhon
pgz 02 99 38 75 83 / plr 02 99 63 82 29
lizhiri@breman.org
www.breman.org

Louarnig / Rouzig
Kervorn, 29520 Laz
pgz 02 98 73 80 11 / plr 02 98 73 82 12
keit-vimp-bev@wanadoo.fr

Achevé d'imprimer
sur les presses de Keltia Graphic
à Spézet pour le compte des éditions Coop Breizh
Dépôt légal : 2e trimestre 2006
Il a été tiré 3 000 exemplaires de cet ouvrage